U0010107

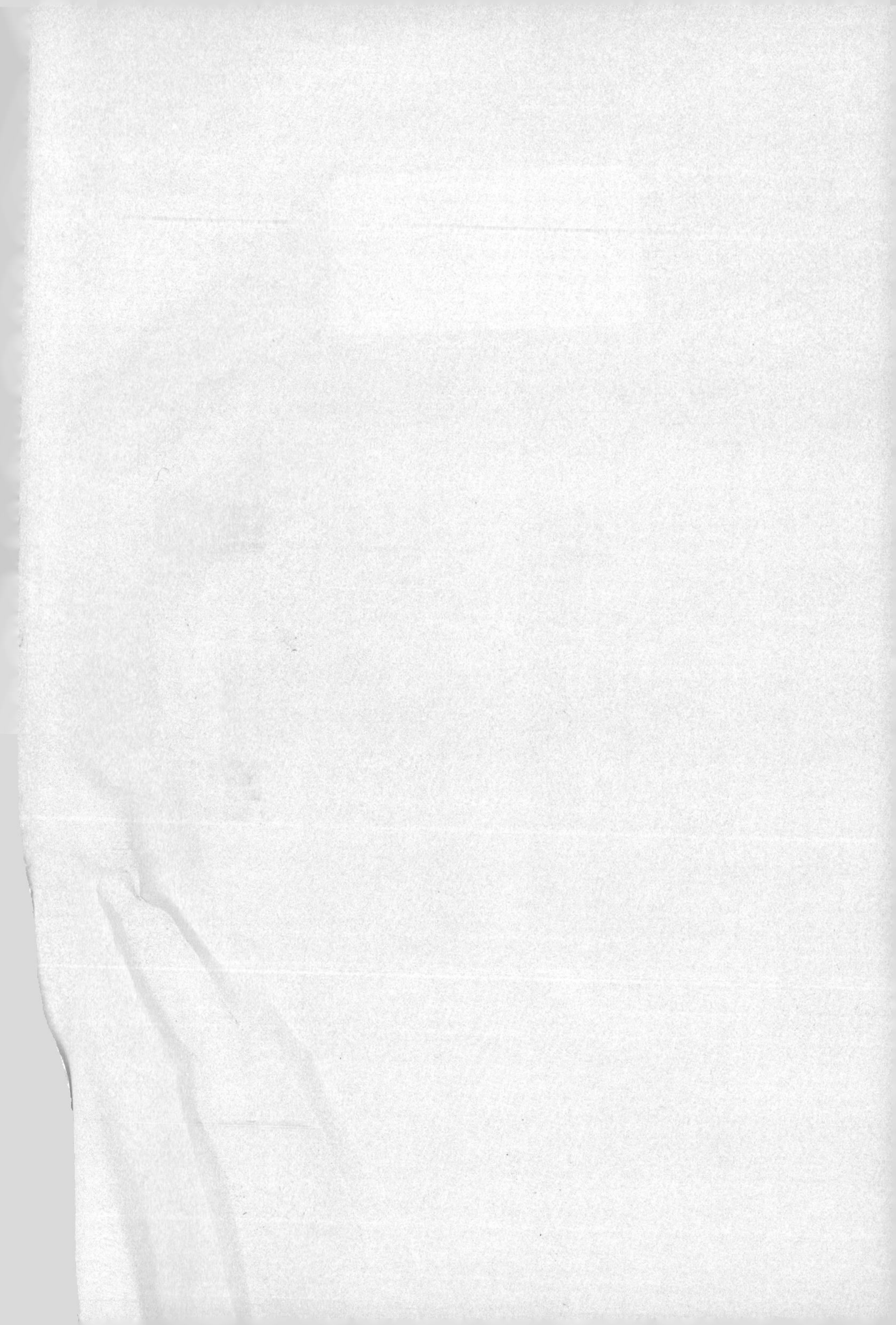

# 上班時，別演太多內心戲

井上智介——著
楊詠婷——譯

# 如果你也是辛苦的台灣職場工作者，誠摯推薦這本書

台中榮總職業醫學科主治醫師　**朱為民**

我跟作者一樣，是一位職業醫學專科醫師（職醫）。職醫的工作很多，其中一項是「臨場健康服務」，也就是說，職醫必須走入職場，實地觀察工作環境，並且與勞工進行健康諮詢。而在談話的過程中，我驚訝地發現，台灣勞動者「不快樂」的比率非常高。有勞工跟我說過「壓力好大」、「心好累」、「回家都還要工作」、「老闆就是對我有意見」、「同事都針對我」、「辭職算了」等種種負面語言，甚至還有人覺得「這樣的日子沒有希望」……

這也是為什麼我非常喜歡這本書的原因。其中所描述的情境，我都覺得好熟悉，彷彿是那些勞工又跟我說了一遍他們的煩惱，而井上醫師更進一步針對每個問題都提出了解決方法和溝通的技巧，讓讀者立即可以做出改變。如果你也是辛苦的台灣職場工作者，誠摯推薦這本書。

## 放下無謂想法，找出真正在意的重點，心才不會累

臨床心理師 **洪仲清**

「討厭也是重要的情緒，常常壓抑它那是自欺，終有一天會失去真實的自己。」看到這個概念，滿心歡喜。很多人在職場上，討厭、困擾的不是工作本身，而是為了工作得要應付累人的同事關係。

像是有些主管喜歡邀約私下聚會，又沒有加班費，下班時間也狂 line，公私界線超模糊。不懂得拒絕，時間永遠是別人的；學習應對之道，保有自己的步調，不必勉強笑臉迎人，把份內工作做好才是王道。

人與人之間本來就要找出適當距離，關係才會美麗；很多想法都能放下，找出自己真正在意的重點，心才不會累。尤其並非操之在己的事，想了也沒有用，內心戲太多，上班的腳步就會沉重。職場問題不知找誰求救，先看看本書的建議，笑一笑、隨他去，日子可以好過不少。

# 有些事，多想點沒問題；但有些事，不用想也可以！

諮商心理師 **蘇予昕**

我從來不會告訴另一個人他想太多，因為大腦原廠設定的功能就是瘋狂地想，甚至災難化地預想，透過這個行動，讓我們多一點安全感。

但其實，我們也可以更聰明地運用大腦，為想法「設下界線」，釐清哪些想法是有益、未雨綢繆的，哪些是該慢慢代謝、替換的舊模式，已不再服務於我的最高利益。

在我的諮商經驗中，有許多自述「想太多卻停不下來」的夥伴，無論面對職場、家人或伴侶，總是會不自覺地先為他人著想、為他人的期待負責。井上醫師在書中透過真實情境的分享，傳授最符合人性的應對方式，讓我們與「嫉妒」、「忿忿不平」、「難以拒絕」、「擔心他人眼光」、「怕被討厭」等常見的心理現象和平共處。有些事，多想點沒問題；但有些事，不用想也可以！

●疫情導致了工作型態的改變，讓人心累的原因也顯得更為複雜。書中舉出各種具體實例，溫暖地安慰我們「其實不用煩惱喔」，同時引導我們檢視內心的狀態、平撫浮動的情緒，好讀而且實用。

●現在的工作讓我很痛苦，但又有苦衷不能辭職，因而身心俱疲。讀了這本書，我才發現原來許多痛苦都來自書中所說的「不用想的事」，讓我好像有了一點撐下去的勇氣。

●作者提倡的「笑一笑＋粗神經」哲學，讓我受益良多，書中的壓力調適策略更是絕妙無比。正感到心累的人都來讀一讀吧！這些溫暖的魔法咒語，會治好你的絕望，讓你相信明天會更好。

●這是為了後疫情時代量身訂做的指南書。許多人仍固守過往的價值觀和生活方式，於是活得越見艱辛，本書呈現許多嶄新的思考角度，讓我們活得更寬鬆自在，作者以職醫身分給予企業及勞工的建議也十分受用。

前言

# 放掉那些「不用想」的事，活得粗神經一點吧！

井上智介

大家好，我是井上智介，既是精神科醫師，也是一名「職醫」。雖然戴著紅框眼鏡，又是金色爆炸頭，但我真的是專業醫生喔！

基本上，到底什麼是職醫呢？

職醫（職業醫學科醫師）的任務和功能，就是——

**維護工作場所的從業健康與安全標準，給予各種支援與輔助，讓勞工能夠身心健全地工作。**

日本法律規定，有五十名員工以上的企業必須配有一名職醫，我會每個月到這些公司訪視一次。員工有千人以上的企業則要配備專屬的職醫，並且常駐於企業內部所設的診療室。

身為職醫，至今我已診療過一萬名以上的患者，在這當中，很多人都有過度努力的問題，現在更因為疫情的影響，增添了難以調適的苦處和憂慮，比方說——

**不甚習慣的居家上班模式**

**二十四小時全天候的工作環境**

**疏離的人際關係引發的孤獨情緒**

**人手不足導致過度勞動**

所以我很想告訴大家，要如何才不會過得那麼難熬，可以讓自己輕鬆、自在一些。那就是——

**實行「笑一笑（Laugh）」+「粗神經（Rough）」的「樂活哲學」。**

就這樣一笑置之、大而化之，寬鬆地生活吧！為此，就別去煩惱「不用想」的事！書中將要分享該怎麼做的具體策略，讓我們繼續往下看吧~~

contents

## 第1章 人際修羅場

### 關於人際互動，這些事「不用想」也可以

## 第2章 環境壓力鍋

關於環境適應，這些事「不用想」也可以

contents

第3章 工作障礙區

關於工作方式，這些事「不用想」也可以

contents

## 身心調節器

### 養成讓心更強韌的 7 個習慣

序章

# 為什麼工作讓人心累？

## 你需要的不是更努力，
## 而是少一點在意

壓力職場中，人際互動、環境適應、工作方式……
有太多眉眉角角都可能牽動情緒與認知，讓我們擔心這、顧忌那，
於是開始焦慮、懷疑，不是太過壓抑就是失控暴走，
後疫情時代更引發了新的職場衝擊……只想好好上班，為什麼這麼難？

想要避免身心透支，我們需要的不是繼續加把勁，
而是要清理自己的思緒和行動，立下界線、設定優先順序，
放掉那些「不用想」的事，把能量用在自己最在意的重點上，心才不會累。

因為新冠疫情的關係，現在有許多人被迫居家上班，或者減少非必要的出差，工作環境出現了巨大變化。有些人的工作類型不能居家上班，通勤上班就得擔憂受感染的風險，增加身心的負擔，還可能要面臨人手不足導致工作量增加，或者反過來因為工作量減少而使得收入不穩定的問題。

到頭來，不管從事什麼樣的職業，所處的環境都會受到影響而變動，因此「身心透支」的人想必也增多了。

**人只要遇上變化，就會努力因應、調整，就某種意義上來說，這是為了生存所必備的一種能力。**我們平常就會不斷接收外界的冷、熱、光線等各式各樣的刺激，並且努力讓身體去適應，以維持順暢的生命活動。

反過來說，身體也等於是為了平息這些刺激，在不斷與它們戰鬥。所以**變化的頻率越高、幅度越大，戰鬥的規模也會跟著擴充，增加適應的困難。**

當前整個世界的局勢變動可說是非常巨大，不僅是突然的、一百八十度的翻轉，還是我們一點也不期望的改變，適應起來自然更為辛苦。

不過，待在家裡的時間增加了，說不定也有人覺得「可以少花點力氣應付職場裡的人，生活反而比較平靜」。但不管怎樣，只要還在工作，基本上都會面臨相當程度的變動。

比方說，我就聽朋友抱怨過大尺寸文件的列印問題。以前在公司裡想怎麼印就怎麼印，但家裡的印表機只能印Ａ４尺寸的東西，所以他只好把需要列印的檔案全都整理在一個文件夾，到公司時再一口氣印出來。

相較於到國外出差那種讓人精疲力盡的重大刺激，這些刺激雖瑣碎而微小，卻意外地耗費心力，同時非常惱人。

當世界發生劇烈的變化，大家都可能受到相當的影響，是不是覺得麻煩事和困擾的問題也變多了呢？說不定，在我們還不自知的時候，身心就已經承受了極為沉重的負擔。

## ●與社會的連結減少，容易感到孤獨

居家上班，加上盡量避免與他人接觸的防疫生活，所有人與社會的連結也變得更為疏離，雖然這也有好的一面。

過去，職場絕大部分的煩惱都來自於人際關係，如今因為疫情，見到討厭、不合拍之人的機會大幅減少，也更容易拉開物理上的距離，有很多人反而覺得現在這樣比較輕鬆、自在。

但在此同時，被深刻的孤獨感包圍的人也變多了。

- □不去公司的日子，一整天都沒跟人說話。
- □在公司能透過聊天尋求建議，現在就沒辦法了。
- □見不到朋友或父母等想念的人，覺得很難熬。

**以往有些狀況能透過與他人的交流維持平衡，現在則因為與社會的連結減少，於是開始失衡，許多人陷入「只剩下自己孤零零一個人」、「沒有誰**

**可以訴說煩惱」的焦慮。**

雖然不必見到不合拍的人，減少了一些人際關係的煩惱，但另一方面，煩惱的類型似乎也變得更複雜了一點。

由於見面直接溝通的機會大減，許多人越想越多，疑神疑鬼地擔心起：「主管到底清不清楚我的想法？」或是「我該不會被誤會成○○了？」換言之，現在所處的環境，會讓人開始多想一些從來不曾顧慮的事了。

## 看不到確定的未來，令人惶惑不安

此刻，我們的確身處在一個看不到未來的時代。

疫情究竟到何時才會平息，今後的經濟發展、工作型態，甚至是世界局勢，沒有人知道會演變成什麼模樣。一旦開始思考，無數的問題便一股腦兒全湧了上來。

看不到未來，是因為前方的道路被濃霧籠罩，不鼓起勇氣往前推進，就不會知道是何景況。人類對這種前路不明的狀態，永遠有著最深的恐懼，無論面對什麼事都是如此。

以虛擬貨幣為例，不管外界再怎麼鼓吹它的便利性或投資價值，還是有許多人因為不了解，覺得它有很高的風險。

對於未知的事物感到害怕，是再正常不過的事。更不用說新冠病毒還會危及生命，更讓人加倍恐懼；即使沒有感染，也會擔心自己「因為經濟快速衰退而被迫失業」或者「要是被誣賴成確診者該怎麼辦」。

新冠肺炎不像虛擬貨幣，只要不主動去碰就無需顧慮、煩惱。所有人都被丟進疫情搗亂的世界，想在這裡生存下去，就必須學會如何與病毒共處。**因為前路不明，經常需要處理突發狀況，所以蒐集各種資訊，盡快找到最適當的解決方案，就成了必要的能力。而這些都是很耗損大腦的行為，會造成莫大的壓力。**

由於居家上班的趨勢逐漸普及，公私的切換似乎也成了許多人的煩惱。家裡原本是放鬆的地方，現在突然變成了工作場所，怎麼做才能切換成工作模式，又要如何回復私人狀態，不免讓人傷透腦筋，覺得無所適從。

「不用去公司，所以無法固定時間起床……」

「坐在電腦前，大半天也拿不出幹勁……」

「家裡有事，又碰上視訊會議的時間，身邊都是噪音……」

「非常缺乏運動……」

「到了晚上也無法擺脫工作狀態……」

想在不甚習慣的工作環境裡做好自我掌控，就會冒出這一連串的「怎麼辦？」。置身於這種狀況，要在工作上做出成果確實很不容易，因而讓人一直陷入不安的情緒，顧慮、在意的事自然就增加了。

即使從醫學的觀點來看，公私的明確切換也非常重要。

人體有所謂的自律神經，「交感神經」負責加速，「副交感神經」則負責踩煞車。

依照原本的狀態，白天交感神經活躍，所以處於工作模式；傍晚後由副交感神經接管，轉變成私人模式。

然而，**居家上班會讓有些人產生一直待在職場裡的感覺，交感神經持續受到刺激；有些人又會覺得一直待在家裡，使得副交感神經過於活躍**。如此一來，就會造成自律神經失調，導致失眠、慢性疲勞、情緒低落、胃腸不適等現象，身心都出現問題。

新冠疫情讓人們更需要做好自我管理，顧慮的事必然也隨之增加，使大腦更容易累積疲勞，演變成自律神經失調、身心耗損透支的狀態。

就像先前反覆提到的，現在要「顧慮」的事變多了，所有人都被迫要操煩各種狀況，如何才能保命求生的狀態，讓人背負著巨大的壓力。坊間也出現越來越多逆境求生的相關書籍及話題，提供人們「熬過疫情時代」的全新知識。

處在這攸關生存的情境中，身體和心靈都很容易疲累不堪，所以積極的休養生息至關緊要。為此，我們所能做的最重要、也最簡單的事，就是「別去煩惱不用想的事」。

**為了存活下去，我們需要的不是獲取新的事物，而是學會放手。**

**放掉哪些根本「不用想」的事吧！**

「這麼做的話，別人會怎麼想？」

「主管欺負我，一定是我做錯了什麼。」

「工作完全得不到成就感。」

……以上這些，全都不要想也沒關係！

身處在天翻地覆、壓力沉重的世界，不需要再逼迫自己。

只要現在的薪水讓自己有家可住、有飯可吃，那就足夠了。

上班時，別演太多內心戲，因為顧慮來又在意去而苦惱不已，適時地啟動「心理節能」模式，讓自己過得更寬鬆、快活一點吧！

別再越想越累，把能量用在對的地方，

適時地大而化之、一笑置之，活得更省力一點吧！

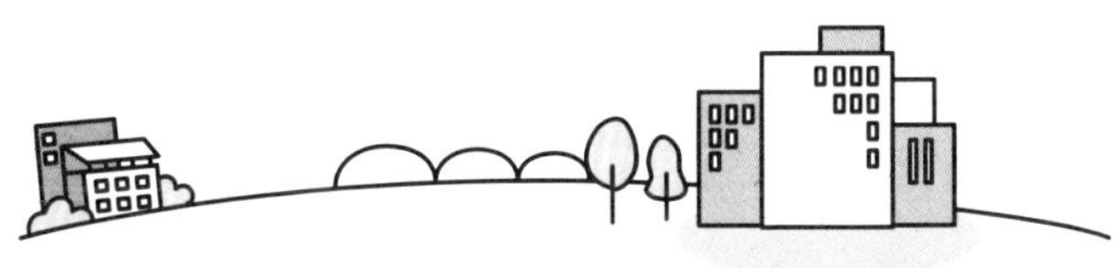

第
1
章

# 人際修羅場

## 關於人際互動，
## 這些事「不用想」也可以

每個人的內心都有明確的好惡，「討厭」也是需要重視的情緒。
雖然不能因為討厭對方而擺臉色，但也不必勉強笑臉迎人，
一直這樣欺騙自己的心，總有一天會忘記自己真實的表情是什麼。

會煩惱「打不進職場的圈子」，
都是因為抱著必須打進這個圈子的想法。
記住，自己是自己，別人是別人，
沒有必要為此而失去自我、痛苦鬱悶，最重要的是保有自己的步調。
只要穩健、勤勉地取得工作成果，人們自然就會聚集到身邊。

主管老愛數落人

## 不用想「是我自己不好吧……」

「這已經是第四次出錯了！」愛碎唸的主管不斷數落著。

「唉……誰叫我自己犯錯，這也沒辦法……」

身邊有這種討人厭的主管，真的很辛苦呢！

但是，不用急著先想「都是自己的錯」喔。

這時只要遠離對方的攻擊範圍，拉開「物理」上和「心理」上的距離，向冷靜的自衛官看齊，這樣就可以了！

沒有人想跟身邊那些愛貶損別人的傢伙扯上關係，但如果對方是自己的主管，就沒辦法輕易地一刀兩斷，只能默默在內心裡煩惱吧。

我覺得**那些「愛數落的人」，簡單來說就是「缺乏同理心的人」**。他們說話帶著攻擊性，也經常得理不饒人，甚至還會去計算別人犯了幾次錯，再當面指責對方「這已經是第〇次了」，真的很讓人傷腦筋。

就算把舊帳翻出來，雙方的反應程度也有差異。一方覺得自己是累積了充足的罪證要發動猛烈攻勢，另一方卻不這麼認為。這種認知上的差別，只會徒增煩擾，實在很磨人。

更恐怖的是，**即使剛開始覺得是「對方有毛病」，但長期被這樣言語攻擊或貶低指責，到後來甚至會懷疑起「真是我自己有問題嗎……？」**。

這種主管通常都很顧人怨，所以起初周遭一定有不少人會出聲安慰，勸說「那個人就是這樣」或「不用理他」等。但是隨著時間過去，狀況若未見改善，可能就會覺得：「不過，還是有人沒被他找麻煩啊……」「果然是因為自己很糟糕，才會被數落吧。」開始否定自己的能力。

許多人就是一直為此所苦，甚至在心理上出現了問題，最後不得不來找我這個職醫就診，真的很讓人難過。

所以，對於這種愛貶損、數落他人的人，就要盡量保持「物理」上和「心理」上的距離。

## ● 保持冷靜，對方就沒有機會得寸進尺

**保持物理距離，就是盡量不去靠近對方，只要離得遠，對方就攻擊不到自己身上。**

**保持心理距離，則是對方說什麼都漠然以對、不多加理會。**

其實最好的心理距離是「完全無視」，但在職場上又不能真的無視對方，只好退而求其次，採取「冷處理」的防禦戰術，然後徹底執行。具體來說，就是不管對方怎麼說，都不做任何反應。

那些來找我諮商的人，先前都曾努力設法應對這些愛數落的人，不是盡量保持禮貌，就是直接向對方發飆，但都只會造成反效果。

這種人只要看到對方有反應，就會立刻得寸進尺，或是趁機占得上風，因此保持冷靜非常重要，必須用心理上的距離來鞏固自己的防禦。

比方說，就像這樣——

愛數落人的主管：「你到底要犯幾次錯才甘願啊？算我求你了～～」

我：「不好意思。」（語氣平淡，迅速離去）

被對方責罵時，不需要露出沮喪的樣子，也不用表示自己會更努力。一旦顯露這種態度，對方鐵定數落得更起勁，立刻強化後續的攻勢。

所以，最好的作法就是給予左耳進、右耳出的淡然反應，無論對方說什麼都不接球，只用YES、NO來結束對話。不過，職場上畢竟還是得保持最低限度的禮貌，所以只要語氣平淡地道個歉就好。

拉開「物理」上和「心理」上的距離，
用「不接球、冷處理」來守護自己

站在職醫的角度，我建議大家要讓自己成為「冷靜的自衛官」——雖然外表平和冷靜，別人卻看不透自己在想什麼，首要的任務就是守護自己。

說個題外話，**這種小心眼又愛碎碎唸的人，通常都喜歡貶低別人、抬高自己，他們之所以抓著別人的錯不放，就是為了證明自己是對的。**

更麻煩的是，他們還會故意曲解別人的行為，例如強調「這已經是第四次了」，就是在暗示：「你一定是為了找我麻煩，才故意一直出包吧。」

無論你做什麼，這些人都不會改變，認真地對待他們，希望彼此好好相處或建立友善關係，完全只是白費工夫，實在太浪擲時間與心力。況且，就算確實犯了好幾次錯，有時也是沒辦法的事，畢竟大家都只是普通人。

所以，一旦遇上愛數落人的傢伙，不用急著想「都是自己不好」，還是努力做個冷靜的自衛官，徹底隔離對方的言語攻擊，先好好關照自己吧！

職場裡有討厭的人

# 不用想「到底什麼時候才會結束」

「吼，每次想到要面對討厭的人，真是頭皮發麻啊……」

「明天、後天、大後天，這樣的日子要到什麼時候才會結束……」

這種不知道何時才會結束的壓力，就像在跑一場看不見終點的殘酷馬拉松。所以，我們就自己來決定終點吧！

就快到了，只要確定了終點，就能堅持下去！

職場裡要是有討厭的人，一想到不管是明天、後天，都得看見這張臉、跟對方說話，很自然就會產生「這種日子什麼時候才會結束」、「再也不想去公司」的反應，實在讓人心力交瘁、壓力破表，到頭來終究會身心崩潰。

身為職醫，我經常會遇到為人際關係所苦的病患。

當中有人的情形是：「我和同事真的處不來，幸好一起合作的案子下個月就要結束了，想到這裡好歹還能撐下去。」

有人的問題則是：「我被不對盤的上司指名去當他的助理，一想到這種日子不知道要熬到何時，就整晚翻來覆去睡不著……」

再辛苦的狀況，只要還看得到終點，所形成的心理負擔就會截然不同。所以面對這個問題，最重要的解決方針就是——要能「看得到終點」。

## ● 看得到終點，內心就更有餘裕

在這裡，我建議採取的方法是**「期間限定思考」**——**為自己設定一個可以忍耐的期限，以便消除掉「不知道何時才會結束」的恐懼。**

下面是我和諮商者A的討論過程，大家可以藉此有更詳細的了解。

A：「我真的很討厭某同事，想到每天都要看到他，就痛苦得要死。」

我：「這種狀況最好可以換部門，但恐怕也不是那麼容易說換就換。那麼，你覺得自己大概能忍耐到什麼程度呢？如果讓你設定一個可以撐下去的期限，大概是多久？」

A：「可以撐下去的期限嗎？現在光是聽到他的聲音，我都會覺得反胃……下個月有新人進公司，我可能會被派去帶他們，就能離他遠一點了。我想一個月吧，這樣我或許還能忍一下。」

我：「這樣啊，那你就再努力一個月看看。不過，如果到時候狀況還是不見好轉，最好趁著自己還有體力和精神，能逃的話就逃吧！」

A：「嗯嗯，我就再給自己一個月的時間努力，如果還是老樣子，我也會認真考慮換工作的事。」

我：「這樣的想法很好。」

A：「謝謝醫生，我終於覺得舒坦多了。定下期限之後，好像就能夠再撐一陣子了！」

**來找我諮商的人，通常都是滿腦子只想著自己「現在應該怎麼辦」，很少會去思考「往後還能撐多久」**。

**然而，判斷「往後還能撐多久」卻是很重要的事，人必須看得見終點，才有前進的動力**。

此外，實際採用「期間限定思考」這個方法的人，就算現狀終究沒有改變，多半也不會離開公司。當然，也有人是因為轉職不順利，但就我所知的情況，絕大多數的人都是依循自己的意願留下來的。

「期間限定思考」能使內心產生餘裕，幫助自己與施壓對象取得適當的距離。如果覺得內心隨時都要崩潰了，那就趕快逃跑；但若無法立刻脫身，這個方法一定會很有助益。

採取「期間限定思考」，設下忍耐的停損點，

內心就更有餘裕撐下去！

不過，「期間限定思考」的方法很難運用在某些類型的工作上。例如服務業的工作者不知道何時會遇到什麼樣的客人，也不是每個客人都好相處，一旦碰上奧客只能自認倒楣。

和內部同事處不來，還能保持警戒不理會對方，或是先做好某種程度的心理準備；但要是初次碰面的客人突然用言語攻擊自己，就只能硬著頭皮承受，因此破壞力十分強大。

偶爾遇上一兩次也就罷了，偏偏有些奧客還會經常出現，真的讓人傷透腦筋。因為不知道對方何時會來店裡，所以很難設定期限，也無法給予自己支撐下去的動力。

面對這種現象，應該是公司這一方必須做出處理保護員工，因此不用逼自己「一定要做好應對」。再怎麼強調顧客至上，也不需要始終對奧客正面回應，白白損耗自己的心力。

**此刻最好第一時間告知公司，先確保自己的退路**。若知道奧客可能出現的時間，可以錯開自己的班表，或暫時轉到後場工作，拉開物理上的距離。

此外，**無論公司會不會介入**，**還有一件事隨時都可以做**，**就是說那個奧客的壞話！**職場上的所有人一起抱怨討厭的奧客，紓壓解悶的效果可是絕佳無比，千萬不要獨自承受這些負面的情緒喔！

## 不用想「拒絕了會被認為沒能力」

在某次職醫的諮商中，B找我討論過這樣的事。

B：「稍早和主管閒聊的時候，我隨口提出了一個想法，結果他突然要我把它寫成企劃案，說要提給客戶看……」

我：「是什麼時候要提交？」

B：「後天。」

我：「後天？這也太匆忙了吧！」

B：「就是啊！一個周詳的企劃案要真正落實，還必須確認預算和執行人員，有很多現實狀況要釐清，短短兩天根本辦不到。」

我：「那你是怎麼回覆主管的呢？」

B：「我只敢在心裡大喊『根本不可能！』，但又怕拒絕了，主管會覺得我沒能力，所以……」

我：「你就接下工作了嗎？」

B：「是的……現在我該怎麼辦啊，醫生？」

在組織裡工作，一定會經常像B這樣碰上不合理的工作要求。直接拒絕自然落得輕鬆，但對方畢竟是主管，於是腦海中可能就會閃過「真不想做，但也只好接下來了……」、「不做會被扣分吧」的念頭，最後還是勉強自己去做。

但要是可以的話，真的很想當場拒絕啊。

碰上這種進退兩難的局面，我要推薦的解決方法是——**「假裝說YES，其實是NO」大作戰**。

像B這樣先答應了，之後再說「自己還是辦不到」，處境就會變得很艱難。所以一決勝負的最好時機，就是在對方提出無理要求的當下，便做出妥善的應對。

執行的重點方針如下——

❶ **說明當前現況（任務太過突然，沒有充足的時間做準備）**

❷ **提出替代方案（列出可行的替代作法和可能的完成時間）**

具體的事例則像這樣——

主管：「後天把要給A公司的企劃案準備好。」

自己：「後天嗎？但我目前正在做B公司的企劃案，實在忙不過來。」

主管：「嗯？不行嗎？」

自己：「不是的，等我完成B公司的企劃案就會馬上進行，大概需要一個星期。」

主管：「這樣嗎？好，那就拜託你了。」

**這場交涉最重要的關鍵，就是讓主管下最後的判斷**。

一開始就說「辦不到」而拒絕，決定YES或NO的人就成了自己。但如果像這個例子一樣，要不要接受你提出的替代方案，就是由主管來判斷。**由於主導權握在主管手上，保住了他做為上位者的尊嚴，就不會破壞他對你的印象，而你也確實拒絕了對方的要求**。

既說明了現狀，也告知對方先前提出的期限是不可行的，其實就是徹底拒絕了。也就是說，在對方沒有察覺的狀況下，你已經確實地說了NO，這就是「假裝說YES，其實是NO」大作戰。

展開「假裝說 YES，其實是 NO」大作戰，

四兩撥千金地解決問題！

如果擔心自己無法像上述的例子那樣「冷靜、流利」地做出應對，可以加上一些體貼對方或表達自身誠意的「修飾語」，或許會容易一點。

就像這樣——

「因為我實在忙不過來，只能抽空處理，很怕這樣反而給您添麻煩。」

「我一定會盡全力完成，不知道您能否給我一個星期的時間？」

不用勉強接受不合理的要求，聰明地四兩撥千金，用簡單的這一招解決問題吧！

「可不准給我失敗啊！」

「是的，部長！」

「但要是搞砸了怎麼辦？到時候一定會落入『失敗→挨罵→評價扣分→被視為廢物』的悲慘下場……」

別擔心！對於完美主義者，只要滿足他的認同欲求就好，想東想西只會讓自己疲於奔命！

不足以達成對方要求的部分，就用刺激對方的認同欲求來填補。

一旦被要求凡事必須做到完美，就會讓人害怕「要是失敗了怎麼辦」。此外，提出這種要求的對象，如果是「自認隨時都付出一百二十％的努力，只要失敗就是不夠努力」，為達目標不顧一切的人，我們往往都覺得他們不會出錯，所以最後便認定是自己能力不足。

然而，不需要這樣把自己逼得太緊喔！

基本上，**完美主義者本身就相當自負，認為「自己永遠不會犯錯」。他們覺得自己全都做到了一百分，因此也會用相同的標準要求別人。在這種人的內心深處，往往都存在著需要別人肯定的「認同欲求」**。

當然，一個人能夠努力到覺得自己事事完美，代表他真的很厲害，但對於被要求的那一方來說，就會有點困擾了。因此，被對方的標準逼得很辛苦時，就轉而去刺激對方的認同欲求吧！

例如，要是自己無法達到對方期望的標準，這時可以說：

「真的很抱歉，我相信如果交給你，你一定會處理得很好，但我實在能力不足。」

率先認同對方的能力，讓他覺得受到肯定。

當對方要求一百分，而自己只能做到八十分時，剩下的二十分差距就用刺激對方的認同欲求來填補吧。

有道是「讚賞能助人成長」，雖然對方已經夠茁壯了（笑），但這樣的應對方式會讓對方更加寬待自己，有時也會意外地讓彼此相處得更融洽。

## 滿足對方的認同欲求，也是日行一善

其實，凡事要求完美的人，潛意識裡早就知道別人做不到，所以故意提出這樣的要求。

**不合理的要求↓對方無法完美達成↓向自己求助↓證明自己優於對方**

**＝滿足認同欲求**

這已經算是深層心理學的範疇了，但他們的內心確實就是這麼運作的。因此，即使他們對自己施加各種壓力，也不必因為害怕失敗而為難自己。

就算失敗了，也不要過度自責，可以反過來請教對方、並且讚賞對方，表示「果然還是你比較厲害」，這樣會更輕鬆，可以有效減輕無謂的心理負擔。就當自己是在日行一善，幫忙「滿足對方的認同欲求」就好。

## 不用想「為什麼都是那個傢伙」

嫉妒能幹的同事、看對方眼紅，從某方面來說是很正常的事。這代表一個人非常認真地看待自己的工作，因為很努力，所以才會不甘心。

其實，就算心裡抱著嫉妒的想法，也不全然是壞事，這些情緒可能會轉化成今後奮鬥的能量。只不過，妒意要是太過強烈，而把能量全都用在否定對方的能力，那就不太健康了。

像是扯對方後腿或是排擠人家等，一旦想法出現了偏差，就會迷失自己原本應該前進的方向。因此，**如果發現自己嫉妒某個人，要先去思考這其後的背景成因**。

比方說，看到同事不時被主管稱讚所以嫉妒，就要去思考對方為什麼常被稱讚。這麼一來，說不定就會發現同事其實私底下非常努力，而主管也注意到了這個長處。看見人家優秀的地方，不需要刻意模仿，但可以試著去效法、學習。

然而，如果察覺對方只是很會拍上司馬屁，或是在背後耍了什麼自己根本不屑的手段，當然就不用勉強如法泡製。既然自己「絕對做不出那種事」，那就直接將對方與自己切割開來即可。

**別人是別人，自己是自己。堅持這樣的理念，努力從自己能做的事開始，一步步地累積成果吧！**

遭到別人的言語挑釁或攻擊，不禁怒火中燒，滿腦子只想著要說些什麼反擊或報復回去……

每個人應該都有過這樣的經驗吧。

能否冷靜應對這種狀況，有時攸關自己在公司裡的立場，甚至可能左右自己的人生。因此，此時的情緒管理確實至關緊要。

穩住情緒、恢復平靜的方法有很多，而身為醫生的我打包票推薦、也最簡單的一個方法就是——**「暫時隔離」**（time-out）。

簡單來說，「暫時隔離」就是等待情緒過去。然而，**不是傻傻地等在那裡，重點是要「活動身體」。無論是去洗手間，或者到外面呼吸新鮮空氣都好，讓自己轉換心境，平息內在的怒氣。**

最糟糕的就是呆坐在原地不動，眼前一望就是對方的臉，只會讓自己更受刺激而煩躁不已，對方說的話也會在腦中循環播放，讓怒火越燒越旺。

所以，馬上離開現場、活動身體才是最好的方法。

當然，即便如此，怒氣值也不會馬上變成○，能從原本的一百降到九十就很不錯了。具體的作法則像這樣——

對方：「@%$&!」（言語攻擊）

自己：「……」（努力忍住怒氣）

對方：「喂！你有沒有在聽啊？」

自己：「讓我想想。」（離開現場暫時隔離）

首先，忍下隨時就要脫口而出的反擊。這時候一定會反射性地想說些什麼，但要努力忍住才是上策。一旦回嘴了，只會讓對方得寸進尺，等於是火上加油。總之，不管有多麼火大，都要先收起怒氣，千萬別拔刀相向。

當然，不能一聲不響就轉頭離開，但也**不必道歉或反駁，只需要淡淡地說一句「讓我想想」或是「我去讓腦袋冷靜一下」，然後離開現場**。

這個舉動顯示自己並沒有全盤接受對方的言論，也給自己留下了冷靜之後再來反駁的餘地。如果當場情緒激動就直接回嘴，即使自己原本是對的，也有可能因此變得站不住腳。

想反駁或回擊，務必要等隔離後冷靜下來再說，放任情緒衝動行事，絕對有害無益。不要和對方陷入無謂的口水戰，使自己承受更多壓力。

就是和某些人不合拍

# 不用想「必須笑臉迎人」

面對不合拍的人——「辛苦了！（微笑）」

看見難相處的人——「明天見。（微笑）」

「為什麼我必須對每個人都笑啊！好累喔……」

不用勉強自己喔！想對誰笑，就對誰笑，你可以自己決定～～

踏入社會之後，好像不知不覺一直都在笑臉迎人。

面對討厭的人，為了不得罪對方，也得刻意露出微笑。就算不是時時都在笑，也要裝成自己溫厚合群、「很好相處」，內心卻有著不同的聲音。

但這樣一來，內心所想與實際的行為就會背道而馳，這等於是在欺騙自己的大腦，也會在心理上造成不小的負擔。

**每個人的內心一定都有明確的好惡，「討厭」也是需要重視的情緒。所以，覺得「討厭」也沒關係，尊重自己的感受，不一定要強顏歡笑。**

雖然不能因為討厭對方而擺臉色，但也不必勉強自己非得笑臉迎人。一直這樣欺騙自己的心，總有一天會忘記自己真實的表情是什麼。

## 刻意用笑容示好，有時會適得其反

總是笑臉迎人的人，其實絕大多數也很厭惡這樣的自己。既然如此，為什麼又要強顏歡笑呢？這是因為他們想向他人釋放這樣的訊號——「我不是你的敵人，所以不要攻擊我喔」。在他們的內心，深怕一旦顯露出嫌惡的情緒，就會遭到對方的攻擊。

「討厭」也是需要重視的情緒，

一直欺騙自己的心，總有一天會忘記真實的表情是什麼

其實，這會招致相反的效果。展露笑容、表現出自己很好相處，是一種想要加深關係的行為，這麼一來，對方也可能進一步主動靠近自己，然後給予某些回應。有可能會往後退，也有可能反客為主，最後你和對方的關係都會有所發展。

所以，如果是自己想要敬而遠之的人，根本不用對他們微笑喔！越是面無表情反而越好。

**不必刻意展露笑容釋出善意，也不用擺出臉色避開對方，更不需要跟對方在人際關係上有所牽扯**。始終保持面無表情、淡然處之的狀態，讓彼此的關係永遠處於〇的數值，不會有任何發展。

**想對誰笑，就對誰笑，你完全可以自己選擇**。

# 不用想「乾脆辭職算了」

很多人因為受不了公司裡有攻擊性強烈的人，難受得想辭職，而來找我這個職醫諮商。他們只想逃離工作現場，每天都很痛苦，滿腦子都是辭職的想法。

這也是理所當然，內心都快要崩潰了，怎麼會不想離職。但是，我之所以說「不用想『乾脆辭職算了』」，是因為在逃離公司之前，我們還有一些事情可以做。

首先，**心理上可以這麼做——抱著「悉聽尊便」的心態**。

遭受對方惡劣的對待，要維持這樣的心態恐怕不容易，但表現出無關緊要、毫不在乎的態度才是最有效的。

怎麼說呢，這就像你不會特別注意坐在自己旁邊的同事何時去洗手間一樣。對方愛怎麼做就怎麼做，跟你完全無關，不管他做了什麼，只要給出最低限度的反應就好，從頭到尾冷處理，無視對方的攻擊或挑釁。

**充滿攻擊性的人，只要對方反應越大，他們的攻勢也會更猛烈，畢竟有了反應就容易抓到弱點，找出更多攻擊的目標**。因此，抱著「悉聽尊便」的態度不去理會，對方就等於一拳打在了棉花上。

其次，**行動上則可以這麼做——「重複對方說過的話」**。

當言語攻擊過於惡劣，已經構成了騷擾，就把關鍵的內容再複述一遍。

將對方攻擊自己的言語當場複述一遍，向對方確認這項事實：「你剛才是說我○○嗎？」

這麼做的目的，是為了讓對方有所警惕。不必做出指責，只要確認事實，就能讓對方意識到剛才說得太過火了。不過，這麼做也有可能讓對方惱羞成怒，一定要沉著應對。

## 善用「錄音」妙招，壓制對方的攻擊性

如果遭受攻擊的情況一直沒有好轉，可以善用「錄音」這記妙招，也就是利用智慧手機或錄音筆等，錄下對方的發言。

不用真的錄音也行，只要刻意把機器放在桌上，目光不時瞥過去，假裝在確認錄音有沒有正常運作，這樣就很有效果了。

**當對方發現自己可能正在被錄音、或者留下證據，多半就不敢再進行言語攻擊。讓對方以為自己是「會錄音蒐證的傢伙」，能夠有效壓制這種人的攻擊性。**

只是，每當我推薦這個方法給諮商者，他們都會擔心：「雖然一定有用，但不會被別人認為自己很可怕、很奇怪嗎？」

拜託！現在是擔心這個的時候嗎？保護自己才是最優先的事，與其被折騰得傷痕累累，還不如被當成怪咖呢！

## 借助職醫的力量，促使公司採取行動

要是前面建議的各種手段都無法改變現狀，自己也實在熬不下去了，還有最後一個方法，那就是請職醫和自己一起與公司會談。

想跟公司申請轉換部門或留職停薪，難度其實都不低，這種時候職醫就派上用場了。

如果是員工自己提出「那個人讓我身心耗損，希望可以轉換部門」，缺乏心理健康常識的人只會推託「每個人都是這樣呢」，不會放在心上，所以才需要職醫居中協調。

如果由第三方，也就是具備醫療專業的職醫提出意見，主張「這名員工目前心理狀況不佳，從醫療角度來說最好可以採取〇〇和△△等對策」，就可以促使公司認真看待此事。

不過，公司並非一定要採納職醫的意見，只會做為參考，所以無法確保能如其所願，但有職醫的專業在背後支援，公司會更容易有所作為。

這時有人或許會想：「我們公司有職醫嗎？」

就日本的現況來說，員工有五十人以上的企業都會配備一名職醫，大多是每個月訪視一次，我本身就擔任了四十家公司的特約職醫。千人以上的企業則配有專屬職醫和常設診療室，職醫每天都會在公司裡從事診療。無論是何種形式，與職醫約診通常都要透過總務部或人事部，因為職醫的行程大多由他們管理。

如果公司沒有職醫，則可以請精神科或身心科開立診斷證明書，向公司告知自己的身心已經出現問題。

精神科和身心科有許多相通的部分，但治療的方向有若干差異。精神科主要是治療精神疾患或大腦障礙引起的症狀，像是妄想、焦慮、沮喪、失眠或幻聽等；身心科則是治療由壓力導致的身體症狀，例如心悸、噁心、腹瀉、飲食障礙等。

很多時候，光憑診所名稱很難分辨是精神科或身心科，這是為了減少患者就診時的心理負擔，刻意淡化處理，所以「井上精神科」可能會改用「井上身心科」之類的名稱。只要是身心方面的問題，基本上掛哪一科都行，選擇讓自己沒有負擔、可以輕鬆前往的科別或醫療院所看診就好。

## 不用想「怎麼治好慣性說謊」

說好會做卻沒有做，明明遲到卻編一堆理由，完全不遵守時間規定……在這個世界上，有很多慣性說謊的人。

慣性說謊的人，早已習慣了說謊的生活，所以不覺得自己有錯，自然也不會反省。從精神醫學上來看，這種**「慣性說謊的人＝精神不成熟的人」**。

佛洛伊德說，人類的行為會依循所謂的「享樂原則」（pleasure principle），也就是「追求快樂」和「逃避痛苦」。好比小時候，即使跟父母約好「功課寫完才打電動」，但畢竟沒有孩子喜歡念書，所以最後都會忍不住跑去打電動。但這麼做父母一定會生氣，我們也因此慢慢理解這是不好的事。最後，我們學會了忍耐，知道人生不能只依循享樂原則，進而修正了自己的行為。

然而，要是缺乏修正的機會，就會帶著這種不成熟的精神狀態直到長大成人。以寫功課的例子來說，就是沒遵守約定，父母也沒生氣，根本無從反省，孩子就會永遠以快樂為優先，變成一味以說謊來維護自己的人。

## ● 讓對方知道，跟你說謊會很麻煩

可惜的是，慣性說謊是治不好的，所以就別想著要怎麼整治這種人了。

當然，這會讓人超級火大，但慣性說謊又治不好，所以只能在對方不遵守約定時，先想好保護自己的方法。

首先，**為了避免日後爭論到底有沒有說過，凡事都要留下記錄**。為此，跟對方聯繫時最好用 E-mail 或文件往來。如果過去曾受對方牽連，可以用「為避免惹上同樣的麻煩，這回最好這麼做」的理由，先加以牽制、預防。

像這種一開口就習慣說謊的人，最重要的就是讓他明白「跟你說謊會很麻煩」。比方說，有個「每次遲到都推託是電車誤點」的新人——

新人：「不好意思，因為電車故障所以遲到了。」

自己：「什麼線？」

新人：「……JR線。」

自己：「知道故障的時候怎麼沒聯絡公司？」

新人：「因為太匆忙了……」

自己：「既然都故障了，代表沒有電車可搭，應該很有時間啊？」

新人：「……」

每次都像這樣具體地追問細節，對方就會知道「跟這個人說謊會一直被逼問，非常麻煩」，往後多少會收斂一些。

## 對不守時的人祭出「最終時限」

有人總是沒有時間觀念，真的會讓人非常焦慮。如果是朋友就算了，若是工作上往來的對象，就連抱怨也不成，長此以往可能會悶出病來。

所以，重點在於一開始就要未雨綢繆，在決定集合時間的階段，便事先告知「最終時限」。

舉例來說，和主管約好下午四點在車站見面，再一起去拜訪客戶，這時可以事先聲明：「如果到了四點十分還碰不到面，就各自直接過去。」

或者，若有人每次開會都遲到，導致會議一直往後拖延，可以在開會前告知：「我待會兒還有別的約，所以三點就必須離開。」

像這樣明確地提出「最終時限」，對方要是再遲到，就不是自己的問題了。之後對方要如何處理，也不關自己的事，可以完全不用理會。

# 不用想「自己可能是下一個」

「怎麼辦？我可能要被資遣了。」

「咦？怎麼會？（內心OS：下一個不會是我吧……）」

痛苦、不安、煩悶……想防堵來自對方的情緒感染，就要建立起物理性的屏障，隔絕負面能量！

大家有沒有這樣的經驗呢？看到別人笑，自己也跟著笑；聽見悲傷的消息，心裡也跟著難過……

這是人類特有的現象，叫做**「情緒感染」**（emotional contagion），亦即一個人的情緒狀態，可以像音叉共振那樣傳遞給他人。

搞笑綜藝會配上背景笑聲，就是想達到這個效果。還有，小嬰兒看見我們對他笑，明明還不懂這代表什麼意思，也會跟著笑，都是情緒感染造成的效應。

每個人受到「情緒感染」的程度各不相同，有人天生感受力就強，有人則比較弱。特別是性格纖細的「高敏感族群」（HSP），承受情緒感染的傾向也更強。容易受到情緒感染的人，會對他人的負面情緒感同身受，但若接收太多，會過度耗損自己的心神，為了防患未然，建立「屏障」十分重要。

## 用有意識的動作，建立心理屏障

**這道「屏障」，也就是所謂的界線。為了不讓各種情緒一股腦兒朝自己湧來，需要拉出界線，建立一道「你是你，我是我」的屏障。**

身為精神科醫師及職醫，有很多機會接觸到精神狀況不佳的人們，如果毫無防備，我恐怕就會被患者和諮商者的情緒吞沒，無法以專業角度做出冷靜的判斷。所以，我會在診療及諮商時，在彼此間建立起一道屏障。

方法非常簡單——只是在胸前的口袋插入一支筆。這支筆對我來說，就是一道守護自己的界線。

當然，不是只能用筆做為屏障，也可以是桌上放的筆筒或面紙盒，女性的話可以是項鍊，什麼都行。重點在於認同「這就是我的屏障」，有意識地阻擋外界朝自己湧來的情緒。

就像防疫時期會在辦公桌之間設置壓克力隔板一樣，這種方式對於防堵情緒感染非常有效。因此，容易遭受情緒感染的人，一定要建立好屏障，避免讓自己過度共感他人的情緒。

無需被他人的負面情緒所擺弄，因而意志消沉。你只要專注於自己的內心就好。

# 不用想「擺臉色不太好」

碰上老是狀況外的白目咖，難免都會煩躁、不悅，這是很自然的情緒，不必刻意壓抑。所以，也不必覺得「擺臉色不太好」或是「讓對方知道自己不高興，只會把現場的氣氛弄僵」，然後假裝沒事。我反而覺得，讓對方知道自己的感受會更好。

老是狀況外、不會讀空氣的白目咖，最常犯的錯誤大致分為兩種——

一、沒有禮貌。

二、言行容易傷到別人。

沒有禮貌這一點，我經常親眼見證。前陣子，我在進行職醫諮商時就碰上了這個狀況。那是一場關於留職停薪的三方協談，所以員工、直屬主管和我都出席了。在協談過程中，那位主管的手機不斷跳出通知，每次手機一震動，他就會拿起來確認，這樣反覆了很多次。

這是一場重要的會談，整體氣氛很凝重，他卻若無其事地一直玩手機。我之前確實沒有請他關機，但他接到的不是電話，所以應該沒有那麼緊急，不需要時時確認。我有種感覺，他大概在跟客戶開會之類的場合也是這樣吧。像這種沒有禮貌又不會讀空氣的人，讓他知道「想要不吃虧，最好還是懂點禮貌」，反而對彼此都好。

**為了不破壞氣氛而假裝不在乎，並不能改變現況，當事人也完全不覺得自己有錯，所以直接說清楚才是為他著想。**做為必須跟他相處的人，讓他意識到自己的問題，往後互動起來才會更輕鬆、舒坦。

「言行容易傷到別人」這個問題也是一樣。**要對這種人提出意見，有一個重點要注意，那就是不要用對方的「你」，而要用「我」來當主語。**

舉例來說——

×「你這樣真的很糟糕耶，拜託你也看一下狀況吧！」

○「你剛剛那麼說，讓我覺得非常受傷啊。」

以對方為主語，對方一定想要反駁，勢必會引發爭論。因此，以「我的立場」來傳達出「我的感受」會比較理想。

在現今這個尊重自我的時代，有人會刻意以不符時宜的穿著來彰顯自己的個性，或者認為不分場合始終直言不諱，才是真正的表裡如一，但這不等於就可以傷害別人，無需體諒他人的心情。所以，不管對方有何主張，都跟我們無關，我們要做的就是守護自己，所以一定要明確傳達自己的感受。

做為社會的一分子，同時是企業組織的一員，還是有必須遵守的規則、禮節和秩序。如果無法配合，那就只能離群索居，吃虧的也是自己。所以和不會讀空氣的人相處，不用對他們客氣，想說什麼就直說無妨吧。

## 不用想「不好意思拒絕」

愛管閒事的人真的很麻煩，他們往往都沒有惡意，甚至是出於親切才這麼做，讓很多人都不好意思斷然拒絕。

**他們會愛管閒事，是因為覺得自己的想法才是對的，所以忍不住要發表意見，或想做些什麼讓事情回到正軌**。也因此，他們根本沒想過自己的行徑其實很討人厭。

也就是說，愛管閒事的人多半都有些扭曲的正義感。所以身邊有這樣的人實在很傷腦筋，要是沒妥善應對，可能一不小心就會傷到對方，只好無可奈何地接受對方的建議。

其實，完全不用想「不好意思拒絕」喔！無需壓抑心裡「不舒服」的感覺，因為大多數的人同樣會覺得「真的好煩喔」、「可不可以不要管我」。

## 掌握三個重點，不失禮地讓對方碰壁

至於要如何應付愛管閒事的人，有三個重點必須掌握：

❶ **首先，表達自己的感謝。**

❷ **其次，傳達自己的想法。**

❸ **最後，露出為難的神情。**

具體來說就像這樣——

主管：「老悶在家裡對身體不好，我要參加馬拉松大會，你也去吧！」

自己：「謝謝您的關心。」❶

主管：「那我幫你報名喔！」

自己：「枉費您這麼替我著想，但我不是很擅長跑步，所以還是不參加了。其實我每個週末都會出去健走，所以應該沒問題的。」❷

主管：「啊？只是在週末走走怎麼夠呢？你平常也都只吃超商便當或叫外送吧？這樣不行啦！對了，我太太的老家送了很多蔬菜過來，明天拿一些給你吧！」

自己：「可是我很少自己煮耶（露出為難的神情）……我自己會想辦法，所以真的不用了（明確、乾脆）。」❸

首先感謝對方的關心，再傳達自己的想法，最後表現出希望對方不要再越界的態度，透過這三個步驟來拒絕，就不至於會失禮了。

只不過，這種愛管閒事的行為很難在短期內就有效制止，只能一次次讓對方碰壁，對方才會知難而退。

劃定好自己的防護圈，不讓對方輕易越界
巧用話術明確回絕，對方會慢慢知難而退

新冠疫情增加了居家上班的機會，也讓職場上來往的他人更容易介入自己的私人空間，許多人因此深感困擾。

比方說，最近就有人來找我處理這樣的問題——

諮商者是一名女性，她在跟主管進行視訊會議時，對方突然冒出一句：「我看到你在室內曬衣服，開會時還是收起來比較好喔！」

這位女性說，當下她只覺得：「這傢伙有病吧。」真是誠實的感想。

這個主管大概只是出於好心才開口提醒，他的建議也不能說有錯，但反過來說，假裝沒看到或許也是一種禮貌。每個人的感受不同，一不小心就會變成性騷擾，真的很敏感。

而對於這種冒失的發言，用「所有人」當主語就能輕鬆地回擊。

以剛才的曬衣事件為例——

「您說這種話，可是會變成所有女員工的敵人喔！」

不用「我」，而是換成「所有女員工」。**用「所有人」當主語，看起來就會像是大多數人的意見，顯得比較圓融、沒有攻擊性。**

此外，為了不讓別人有機會挑剔視訊會議的背景問題，必須事先預防，可以做些加工、蓋個布簾，或者乾脆用白牆當背景等。不喜歡被別人指手畫腳，前提就是自己要先擬定因應的對策。

說話老是帶刺真煩人

# 不用想「為什麼要說這種話……」

這世上有許多說話帶刺的人，每次被這麼刺一下，總讓人不由得心想：「有必要說成這樣嗎？」「為什麼要講這種話讓人不舒服？」心情也因此受影響而跌入谷底。

這些帶刺的言語攻擊，通常都是突如其來。假使彼此認識，知道對方會攻擊自己，多少會做好心理準備；但要是出其不意的攻勢，迎頭痛擊的力道就會比想像中大上許多。

我偶而也會遇到這種人，例如前些天就發生過這樣的事。

我所負責的一家企業，有某位員工的健檢結果不太妙，我特意請他過來診療室一趟。他的血壓高得嚇人，所以我詳細地提供了生活上的各種保養建議，想不到最後他突然冒出一句：「醫生就是靠這個賺錢的吧！」

我腦子裡頓時「嗯？」了一下，但他說的也沒錯，所以就沒有反駁。況且就很多方面來說，我也能理解他為何會發出這種言論。

其實，只要看看檢查報告上的數字，好壞結果就一目了然，但他還是被醫生特地叫到診療室說東道西，不高興也很正常。被別人一再提醒自己已經知道的事，多半都會感到不悅，所以才要找機會刺對方那麼一句，來證明彼此的地位平等。

此外，我也碰過這樣的事——我對穿著打扮沒有太大興趣，也經常不穿醫師袍，一身私服就到處跑，有個員工看到了就說：「您都是醫生了，還穿UNIQLO這種便宜貨啊！」

呃，也不用特意強調是「便宜貨」吧（笑）。

我是精神科醫師，已經很習慣接觸精神方面不穩定的人，透過話語和措辭，也能判斷對方目前的狀況，所以就算有人說話帶刺，也不會太過在意。但大家身邊如果有這樣的人，而且為此深受折磨，最好的作法就是保持距離。

**這種人始終如一，會在你毫無防備時突然發動攻擊。因此，不必對他們的言論太過認真，也不用想「為什麼他要說這種話……」，因而不悅或反省自己，這樣只是白白浪費能量而已。**

最好的因應之道，就是盡量不要和對方有任何瓜葛，也不要理會對方的情緒發言，直接擱置處理。

# 不用想「我有社交障礙」

最近很多人找我諮商這樣的問題——

同事們熱烈地討論某些話題，自己卻很難加入。

只要現場超過三個人，就沒法好好說話。

同事邀約中午一起吃飯，因為不想應酬都會拒絕。

不少人為此煩惱，甚至覺得「我就是有社交障礙」、「我在別人眼中一定很不合群吧」，十分消沉、沮喪。

基本上，**會煩惱自己「打不進職場的圈子」，都是因為抱著必須打進這些社交圈的想法。其實，沒有必要為此而失去自我，最重要的是保有自己的**

**步調**。所以，不必逼自己刻意去迎合他人，還因為這樣痛苦、鬱悶。記住，自己是自己，別人是別人，只要腳踏實地、穩健勤勉地取得工作成果，人們自然就會聚集到身邊。所以先把心神放在工作上吧！

## ●「名字＋打招呼」是強效的社交武器

不過，有人就是想要加入職場的社交圈，還會因為進不去而討厭自己。若是這樣，我要傳授給大家一項超強武器，那就是——打招呼。

你可能會覺得：「蛤？就這樣？」但它可是非常強大的溝通技巧。特別是像「○○，早安」這種「名字＋打招呼」的方式，更是強效無比。

只要持之以恆這樣做，就會漸漸拉近內心的距離，等到彼此越見熟悉，再找件事情跟對方商量，雙方的距離就會立刻縮短。重點就在於，要藉由平時的問候互動，來累積相互之間的信任感。

「很想自己放空一下，但不理同事又怕被說孤僻……」

其實不必刻意迎合，最重要的還是保有自己的步調

例如有三、四個同事正在熱烈討論「要不要去吃午飯」、「去哪裡吃」，你真的很想加入他們的圈子，就鼓起勇氣靠過去說：「我也要去～～」然而，如果你跟人家沒那麼熟，這就不是「加入圈子」，而是「硬擠進去」了，會一下子靠得太近。所以，**先用「名字＋打招呼」縮短距離，再透過討論或商量事情累積信任感，會是比較理想的作法**。

## 不想聚餐應酬，就先準備好理由

相對地，也有人不想勉強自己加入職場的社交圈，卻推不掉別人的邀約而深感困擾，其中最常見的問題就是「聚餐」邀約。

因為疫情的關係，近來各種聚餐活動顯然都減少了，但在這種時候還非要辦聚餐的人，通常不會很好搞定。他們多半都比較強勢，不太能接受別人的拒絕，這麼一來——

對方：「今天晚上大家要去喝酒，你也會去吧？」

自己：「呃，今天嗎……」

對方：「嗯？你有事？」

自己：「也不是，就是今天有點……」

對方：「哎呀，去嘛去嘛！大家都去了！」

自己：「……好吧，我去一下好了。」

結果就會變成如此，想拒絕也拒絕不了。

這段對話的轉折點，是在於對方詢問「嗯？你有事？」時給出的回應。例子裡的當事人或許是因為太過突然，緊張之餘沒想到該怎麼拒絕。其實，這時只要能明確表達自己的想法，對方就不會再強人所難。

所以，不想勉強參加無謂的社交，就要事先想好推卻的藉口。

例如「今天跟家裡的人約好了，真的沒辦法」；

或是「週末說好要去見阿嬤，就先不約了」等等……

在防疫的非常時期，還有其他更多拒絕的好理由，我個人最推薦的則是「不好意思，我今天得回家等快遞」，一說完就可以馬上閃人了（笑）。

當然，也不用每次都推掉，可以先決定好「參加」的標準，例如：

□三次之中至少參加一次。

□第二天放假。

□當中有超過三個平常沒機會接觸的人……等。

**重點在於，不要等到別人邀約了才開始思考要不要去，而是先決定好自己的理由和原則。此外，無論參不參加，都要感謝對方願意邀請自己。**保有自己的步調很重要，但還是要維持最基本的禮貌。

打招呼卻被無視

## 不用想「我是不是被討厭了」

跟別人打招呼卻被無視，一定會難過不開心，因而受到的衝擊，還會讓人不斷在腦子裡想著：「我是不是被討厭了？」「我是做錯了什麼嗎？」內心充斥著不安的情緒。

就某個角度來說，這才是正常的反應，所以當我說「不用想這件事」，或許會讓人覺得有些過分。然而我還是要說，真的不用這麼想。

因為，將自己和對方分開來考慮，才是讓心放鬆、自在的秘訣。

**我們的確跟對方打了招呼，但是，要怎麼回應是他的問題。我們把球丟進了對方的領域，那顆球就屬於對方了。**

對方沒有反應，可能是那天他剛好睡眠不足，也或許是身體不舒服。不過，那就不是我們需要煩惱的問題了。

如果三番兩次都被無視，內心確實會很受挫，起初可能還覺得對方或許沒聽到，一旦發現對方真的是無視自己，就會開始失去自信，然後便賭氣地想著：「那我也要無視他！」

然而，保持禮貌才是正確的待人之道，如果自己也無視對方，很可能會被反咬一口。與其背負著這種風險，還不如若無其事地繼續打招呼，讓自己站在「道德制高點」。

做正確的事，才是自我保護的最佳方法。

# 不用想「不附和就會被說壞話」

愛講八卦、說閒話的人隨處可見。聽到同事在議論跟工作無關的他人私事，一般人都不會想扯上關係，畢竟只要參與討論，似乎就成了推波助瀾的幫兇，不免覺得心虛、內疚。

但是，在敬而遠之的同時，也有人會擔心：「要是不附和對方，下次被說壞話的可能就是自己。」

其實，這種事根本不用煩惱也可以。

在背後說人家閒話，會使自己的信用受損；如果不加入對方就被排擠、疏遠，對我們反而更有利。

**不願意同流合污，被愛說閒話的人討厭；**

**一起說別人壞話，被全公司的人討厭。**

這麼看來，還不如被愛說閒話的那一個人討厭就好了。

那麼，如果有人來找自己講八卦，要如何應付才好呢？

愛說閒話的人，基本上完全不覺得這麼做有錯，還會認為自己是在做好事。畢竟，他可是在「跟你分享別人的祕密」呢！因此，他們會期待共享祕密的人露出訝異的表情，甚至津津有味地反問：「不會吧？我都不知道！」

所以，正確的應對之道就是給出完全相反的反應，讓對方的期望落空，興趣缺缺地回上一句「是喔……」就好。

只要每次都讓對方自討沒趣，被糾纏的機率就會大幅降低。

## 不用想「必須好好安慰或鼓勵」

每當有人找自己訴說煩惱或商量事情，一般人都會想著「一定要給對方受用的建言，盡量鼓勵他」。其實就算沒給出什麼好建議，只是「嗯、嗯」地認真回應和傾聽，就已經是很大的幫助。

這門功課，是我在初次擔任精神科醫師所服務的醫院裡，從遇見的一位醫師身上學到的事。

他就是我的恩師，大阪府國分醫院的木下秀夫醫師，也是他從基礎開始帶著我去了解，「怎麼樣才是真正在幫助有困難的人」。

木下醫師認為，在以精神科醫師的身分治療疾病之前，我們更要做的是

「主動去關心有困難的人，再從中找到身為醫生可以做的事」。

由於抱持著這種理念，他看起來一點都不像精神科醫師，甚至根本沒有醫生的樣子。當然身為醫師，他還是會用藥物治療，但他總是先把病患看成有困難的人，認真傾聽他們的煩惱，所以病人跟他都非常親近。

我第一次受到衝擊，是在某個和他共同值班的晚上，當時有一個自殺未遂的病人，在半夜三點被緊急送來醫院。其實像這樣的患者，都有固定的處理流程，因為怕他直接回家又想不開，所以通常會替他辦理住院手續，關在上鎖的病房裡進行觀察。

雖然我是菜鳥醫生，但先前已經跟其他的前輩醫師值班過好幾次，所以也大概了解基本流程，沒想到木下醫師的作法截然不同。

他遲遲沒有辦理住院手續，只是專注地看著那位病人的眼睛，極有耐心地一直聆聽對方說話。

醫生也是人，到了半夜也會想睡覺，既然都有標準作業流程了，通常就是照著做吧！然而，木下醫師只是不斷回應著「原來是這樣啊」、「真是辛苦呢」，整整聽患者說了兩小時。但這對他來說，卻是再正常不過的事。

## 認真地傾聽，就是最好的鼓勵

身為醫師，真的很容易陷入「自己是在治療別人」的錯覺，說得難聽一點，就是對醫生的身分產生了優越感，經常病人都還沒說幾句話，就直接診斷「我開藥給你，你吃看看」。

但是，在這之前應該還有更重要的事得做。

**主動去關心有困難的人，詢問對方：「你怎麼了？還好嗎？」這才是助人的真諦**。然而，往往有許多醫師完全忘了這件事，把重心全都放在治療的行為上。

從此以後，我便時刻謹記木下醫師教導我的「怎麼樣才是真正在幫助有困難的人」，用心對待自己的患者。果然，**只要有人願意傾聽自己，就能獲得很大的救贖。而這件事不只是醫生，任何人都能做到。**

所以，如果有人找自己傾訴煩惱或商量事情，不必逼迫自己「一定要給出好建議」，只是靜靜地傾聽、接納，對方的內心就會因此得到拯救。

## • 急速恢復正常，更令人擔心

此外，**當一個先前還煩惱重重、陷入嚴重情緒困擾的人，突然急速恢復正常，那就需要特別注意了，他可能正在設法跟救助者拉開距離。**

精神科醫師對這一點其實非常敏感，但偶爾有定期看診的患者說：「真的很謝謝醫生，我已經好多了。」我們也可能信以為真，開心地覺得「那真是太好了」，但一等到冷靜下來就會驚覺，一個幾十年來都深為情緒問題所苦的人，怎麼會突然就治好了？

很多時候，這樣的人早就做出決定，他們仔細整理了身邊的物品，或許連遺書都寫好了。

因此，當一個人以不合常理的速度突然恢復正常，其實是極度危險的徵兆。特別是當他刻意與擔心自己的人拉開距離、避免交流，甚至可能需要強制就醫。遇到這樣的狀況，一定要尋求精神科或職業醫學科醫師的協助。

第
2
章

# 環境壓力鍋

## 關於環境適應，
## 這些事「不用想」也可以

被主管的電話追著跑，回電時握有主導權就很重要了。
一開始就說明漏接的理由，可以杜絕被對方挑剔、找碴的機會，
只要好好解釋，反而會增進彼此的信任感，
沒必要為自己平白加上「不敢讓手機離身」的壓力。

主管還沒下班所以不敢回家，也是常見的煩惱。
如果只剩一天可活，絕不會有人想浪費在陪主管做無意義的加班吧，
因此，可以每週訂下一到兩天的「不加班日」，
讓周遭的人都習慣自己這幾天就是不加班。
多出來的時間可以休養生息、提升自己，怎麼看都是無害有益。

主管老是奪命連環call

# 不用想「必須讓主管隨時聯絡到我」

居家上班中，鈴鈴鈴——電話聲響起了。

「課長好，是，目前正在寫企劃案。」

「課長好，是，現在進度還不錯。」

鈴鈴鈴鈴鈴——

「啊！課長又打電話來了！這下子我連上廁所都不敢不帶手機了……老是這樣緊迫盯人怎麼辦啊……？」

在居家上班所產生的各種問題中，被主管的電話追著跑，是最常被提及的煩惱。如果是在辦公室裡，大家都能看到彼此工作的情況，但居家上班就沒辦法了，因此在我服務的企業中，就有公司要求員工必須每小時報告一次工作進度。

當然，我立刻請這家公司停止這項措施。**要求員工隨時報告工作進度，或是頻繁地聯繫員工以確認狀況，都會造成極大的壓力。員工等於處在不間斷被監視的狀態下，幾乎沒有空檔休息、喘口氣。**

找我諮商面談的患者中，甚至有人因為擔心「沒接到電話會被當成在偷懶，連上廁所都帶著手機」。也就是說，他不讓自己有錯過電話的機會。

我能理解他的心情，一旦漏接電話，不知道之後會被說成什麼，搞不好主管會覺得自己在偷懶，而降低對自己的評價，讓人非常不安。

但是，如果認為「必須讓主管隨時聯絡到我」，身心就會一直處於緊繃狀態。因此，其實可以不要那麼在意這件事。

原本漏接電話就是很普通的情形，有可能當時正和其他人討論公事，或是剛好就在洗手間。

不過，如果真的因為沒接到電話而遭受負評，不免讓人沮喪，因此回電時握有主導權就很重要了，這也是保護自己的關鍵。

「辛苦了，我是○○○。不好意思，剛才我正在和別人開會，所以沒接到電話。」

就像這樣，對方一接起來就先說明自己錯過電話的原因。**基本上，回電是自己這邊主動聯絡，比較容易掌握發話權，一開始先說明理由，就可以杜絕被對方挑剔、找麻煩的機會。**

只要好好解釋，反而會增進彼此之間的信任感。因此，沒必要為自己平白加上「不敢讓手機離身」的壓力。

「主管的電話根本就是遠端監視器啊……」

漏接也沒關係！回電時掌握主導權，對方就沒機會挑剔

如果公司真的頻繁地聯絡自己，可以先試試前面說過的方法，畢竟一直報告工作進度也很累人。

說實話，隨時都要監控員工的很可能是惡質企業或血汗公司。二〇二〇年春天疫情爆發後，日本發布了「緊急事態宣言」，限縮與規範各種民生、經濟活動，全國陷入一片混亂。沒有人知道該怎麼做才對，就算偶爾出些狀況也是在所難免。

而這種時候還緊迫盯人的公司，絕對要小心留意。這種掌控欲過強的公司，會損害員工的心理健康，奪走人們「能在這裡放心工作」的安全感。

這跟被保全公司保護的放心感或安全感不同，保全公司只有在客戶請求時才會現身，發動的主導權在客戶手上。相反地，**公司的管理制度則是由公司這一方全權掌控，員工單方面被監視所有的一舉一動，會破壞彼此間原有**

**的信任，讓關係變得緊張。這麼一來，自然會影響員工的表現。**

曾經有個著名的實驗，主要在觀察人們看著鍵盤打字，或是不看鍵盤盲打，哪一邊的錯誤率比較高。而最後的結果是，看著鍵盤打字的那一組更容易出錯。

也就是說，當人處於被監視的狀態，工作表現會變差，如果一家公司根本不在乎這一點，員工的處境就會非常危險。因為工作的最終目標原本是獲得成果，這家公司卻反其道而行，將過多的精力放在確保員工不會偷懶。

況且，就算員工每小時都報告一次工作進度，也不會有多少變化。工作需要多方考量、蒐集資訊，再經過腦中的組織整理才能轉化為成果；公司卻無視這些需要，只是短短一小時不見進展，便責罵員工「到底在幹什麼」，那就代表他們認為「組織整理的時間＝什麼都沒做」。

如果公司不把在腦中推演策略、思考整頓的過程視為確實的工作進度，那絕對是一間危險的公司。

身為職醫，我會同時從員工及公司兩方面的立場去做判斷，所以經常會被問到：「什麼樣的公司是惡質企業或血汗公司？」

在一家公司待久了，很多現象對員工來說就會變得理所當然，即使那是惡質企業或血汗公司也不會察覺。因此，很多人其實正在遭受精神折磨卻不自知。

除了緊迫盯人之外，我認為惡質企業或血汗公司還有以下的特徵——

首先，保守的公司就非常危險。

比方說，我曾碰過以下這樣的例子。

由於現今疫情嚴峻，我曾提醒對方在辦公室工作時，最好打開窗戶讓空氣流通。結果對方卻找了一大堆藉口，一下說：「把窗戶打開，文件不就會被風吹得亂七八糟嗎？」不然就是：「如果要定期開窗，還是必須得到社長許可。」總之就是不願配合。

像這樣的公司，即使我以職醫身分提出對員工有益的建議，對方也完全不會接受。他們的反應非常公式化，不管別人說什麼都聽不進去。

近年來，**注重心理健康已成為社會的主流趨勢，但仍然有很多公司認為這只是缺乏毅力的問題**。如果公司的作風就是如此，即使員工找主管傾訴心理方面的煩惱，也只會得到「哎呀，現實就是這樣」、「偶爾就是會不順」的回答，對方只會敷衍應付，不會採取任何適切的行動。

由於主管本人也是在這樣的企業文化中一路熬過來的，他可能還覺得吃苦就是吃補，直接給員工來上一番莫名其妙的精神教育，強調「我也是這麼走過來的」、「現在才正是要打拚的時候」。

他們對心理出狀況的人缺乏理解，因此也不懂得向職醫或醫院求援，更不覺得有這樣的必要性。

缺乏彈性和同理心，不容許權宜變通的公司，也要特別小心。

身為職醫，我經常會建議公司讓有心理狀況的員工調換部門，但有些公司會以「這樣不合規矩」為由，立刻一口回絕。

當然，企業組織不可能滿足所有人調換部門的意願，也沒有這個義務，所以職醫也不能任意提出建議，基本上都是以一次為限。

當員工身心不適，原則上職醫只會建議讓該員工調換一次部門，這也是我們的職業守則。即便如此，還是有不少公司連這樣也不允許，他們認為「職醫說到底還是站在員工那邊，總是信口開河、漫天要價」，對醫療人員充滿不信任感。

這種公司會覺得「如果找職醫諮商又會被亂提意見」，所以即使員工出現心理問題，也絕對不會找職醫求助。

**甚至有主管發現員工真的生病了，會直接把對方踢出去，從來沒想過自己或家人、親友哪天也可能發生同樣的問題，為身心崩潰所苦，完全欠缺同理心**。尤其自己的上司若是這種人，那就更吃力了。

因此，一旦發現狀況不對勁，就要趕快借助職醫或精神科醫師等第三方的專業力量，盡快逃出魔掌，沒有必要為了這些惡質企業和血汗公司，平白損耗自己的身心。

## 不用想「我不適合當主管」

來找我諮商的，有受不了主管緊迫盯人的員工，當然也有勞心勞神的主管。而主管最大宗的煩惱，就是在居家上班逐漸普及的當前，要管理部屬變得越來越困難。特別是心理上的管理、照料，更是十分棘手。

由於分配工作時看不到部屬的表情，很難判斷這樣的工作量會不會給他們太大壓力，或是否有人產生情緒困擾。但就算再擔心，也不知道可以做些什麼，便有人開始懷疑「自己不適合當主管」。

這時如果跟當事人說「不用這麼想」，或許有點不適合，但「自己能力不足」確實是先不用顧慮的問題。

那麼，究竟該注意哪些地方，才能盡快發現部屬的心理健康出狀況呢？

其實，壓力過大時會出現以下三個階段的變化——

**〈階段❶身體的變化〉頭痛、耳鳴、嚴重心悸……**等。

**〈階段❷行動的變化〉經常遲到、出錯、不修邊幅……**等。

**〈階段❸精神的變化〉強烈的不安、焦躁、沮喪……**等。

透過電腦螢幕的畫面，基本上無法察覺❶的變化，只要部屬有心隱瞞，主管根本很難發現。因此，觀察❷是最適當的方法。

只不過，大家若是跟平常一樣進公司，主管自然比較好留意這些現象，但在線上互動時就有點困難了。

以往要是看到男性員工每天戴同一條領帶、女性員工不化妝只用口罩遮掩等明顯的變化，就能推敲對方大概有點不尋常；但居家上班不需要外出通勤，甚至連員工的模樣都見不到，只能從工作表現或成果品質是否滑落，來加以判斷。

若演變到了❸的階段，已經是十分危險的狀態，所以可行的話，最好在❷的階段或是❸的初期就及早發現異狀。

當然，想要第一時間察覺部屬的變化，平常就要足夠了解對方。例如對方本來就是容易犯錯的人，還是這陣子才突然頻頻出包，兩者的情形就完全不同。尤其在疫情期間，更需要多加留意部屬平時的表現。

## ● 安排「一對一聊天」，讓溝通保持順暢

在這裡我要推薦一個方法，就是安排和部屬「一對一的聊天時間」——**大約十五分鐘即可，讓彼此敞開心胸地談天、說話。不要用聯絡公事之餘的零碎時間，而是要特意找一個時段來進行。**

有了這段時間，主管會更容易察覺平常忙著討論工作而無暇留意的小細節，還能仔細端詳部屬的表情和模樣。

對部屬來說，則可以利用這個機會發出求救的訊號，好好跟主管訴說煩惱、認真商討。

之前在辦公室可以輕易處理的問題，如今卻因為居家上班變成了「這種小事不好意思打擾人家」的狀況，而這可以說是格外有效的解決之道。

此外，一旦發現部屬的情形十分危急，請立刻聯繫專業人員，建議對方「和職醫談談看吧」。

## 想早點回家，主管卻還不下班

# 不用想「先回家會被批評不認真」

「耶！工作結束了，回家吧！」

「啊，部長還在工作……哇，大家也都還在……要是我先回家，會不會被碎唸不夠認真啊？」

「吼，結果又跟著大家一起加班到好晚，累死人了……」

明明自己的工作已經完成，但主管還沒下班，結果不敢回家——我實在聽過太多這樣的案例。

「為了避免尷尬，我都是趁主管去洗手間時趕快回家。」

「我常常假裝工作，就是為了等主管下班。」

「一看到有人準備下班，我就會站起來跟著走。」

看來大家都為這件事傷透了腦筋。

自己一個人先下班，總覺得別人會用「這傢伙不夠認真」、「大家都還在工作，這個人竟然就走了」的眼神責備自己，還不如跟著大家回去比較輕鬆。只是內心終究會覺得，自己幹嘛還要為這種事煩心。

其實，比主管先下班不是什麼壞事，特別是近來到處都在推廣不加班運動，所以自己的工作完成了，就不要在乎別人的目光，光明正大地回家吧！

### ● 設定「不加班日」，善用時間資產

早一點下班，多出來的時間可以用來學習自己的興趣、悠閒享用晚餐，或是跟家人相處、同樂。

**時間非常寶貴，等同於我們的生命，如果只剩下一天可活，絕對不會有人想把時間浪費在陪主管做沒有意義的加班吧。**

時間既然如此重要，卻還是有人虛度光陰，主要就是以為自己仍有花不完的時間。特別是年輕人，最容易忽略時間的寶貴。

但是，請大家想想吧，事情做完就回家，會多出不少空檔，說不定還能經營另一項副業。當然，有的公司不准員工兼職，但如果可以，這些時間就等於能換成金錢。

此外，早點回家放鬆休息，也能提升第二天的工作表現，怎麼看都只是有益無害。

因此，**可以每週訂下一到兩天的「不加班日」**，**讓周遭的人都習慣自己這幾天就是不加班**。因為事先告知了，就能輕鬆地直接離開；要是有時候大家真的還在忙，但自己的事已經做完了，也可以在回去之前先問一聲「有沒有我幫得上忙的地方」，然後再離開。

此外，最近因為居家上班越見普及，工作時間變得比較混亂，但客戶若有事聯絡自己，可能還是會覺得要立刻回覆，這時則可以採用「事先告知」的方法。

比方說，在E-mail的簽名欄註記「工作時間：早上九點至下午六點」，這樣會比口頭告知更容易，對方也更清楚何時找你最有效率。不想為了別人的目光而犧牲自己時間的人，可以試試這個方法。

線上會議時被嫌棄沒精神

# 不用想「會不會以為我在鬧情緒」

線上會議開始囉！

「嗯？A你怎麼了？看起來有點沒精神。」

「啊，我沒事。（內心OS：大家會不會以為我在鬧情緒啊……？）」

透過電腦螢幕的畫面觀看彼此的模樣時，難免有些失真，甚至會引發誤解。不過，只要花點小心思，這些問題就能迎刃而解。

關鍵就在於利用**「聲音・表情・燈光」**，來提升好感度！

首先，要注意的是聲音和表情，這是可以透過畫面傳達的寶貴資訊。

特別是跟初次見面的人進行視訊會議時，能接收的資訊量會降到最低，雙方都不了解彼此的個性，為了不給對方留下壞印象，有時比面對面還讓人緊張。因此，所有可以提供的具體資訊，都要格外重視、積極運用。

例如，**把聲調提高一點會比較好**。以音階來說，偏高的 So、La 會比 Do、Re 更容易給人明朗、熱情的印象。

至於表情方面，則要注意傳達情緒。**最基本的就是保持笑容，再來就是驚訝時睜大眼睛，談到不愉快的話題時緊皺眉頭，做出明確的反應**。

偶爾也會有人喊完「真的假的！」，然後就人仰馬翻地直接從螢幕裡消失，我超喜歡這樣的人（笑）。由於螢幕畫面的限制，有時很難完整呈現身體的動作，這時就可以借助前後擺動或其他更有技巧的動作，有效突顯自己的反應。

多利用表情及身體動作來傳達情緒，能讓彼此的溝通更加順暢。

當然，想清楚展現臉上的表情，燈光不可或缺。畫面太暗，整個人看起來的感覺也比較呆板。除了房間裡的燈光，還可以利用桌燈增加照明。

# 不用想「自己是孤單一個人」

因為疫情的關係，開始居家上班、限縮活動後，和朋友相聚的機會減少了，覺得孤獨的人也越來越多。一個人待在家裡，有時不免會產生自己「孤立無援」、「沒朋友」的感受，於是鬱悶、消沉起來。

不過，還是盡量放掉這樣的想法吧。一旦開始冒出這種念頭，就會發展成自我責備，覺得是自己太孤僻、太內向才交不到朋友，心情只會更低落。

那麼，要怎樣做才能緩解孤獨的感受呢？

我推薦的是以下四個方法——

## ● 珍惜看見他人臉孔的機會

首先是珍惜看見他人臉孔的機會。像是在視訊會議或線上飲酒會等可以透過電腦畫面與別人接觸、交談的時刻，一定要打開攝影機功能。

看見他人的臉孔，會莫名地讓人感到安心。面對面的交流對人類來說非常重要，即使對方是不對盤、討厭的人也一樣。**只有看見他人的臉孔，人才會確實感受到「自己與這些人有社會性的連結」**。所以即使自己沒有意識到這個需求，也要盡量處在能夠引發這種感受的環境裡。

## ● 活用社群軟體拓展人際網絡

先前說過，覺得自己「沒朋友」並不是一件健康的事。不過，這其中也有人確實是沒朋友，所以才覺得自己「終究要形單影隻」。

在這種「孤單寂寞覺得冷」的時候，就多多運用社群軟體吧！

我經常舉辦ＩＧ直播活動，而每次我都會想，這些觀看直播的網友們和「我」的連結，可能還不如跟「一起看直播的人」來得強烈。他們會在留言區進行各種交談，形成一個小型的社群，同時確認自己的存在。

這種網路上的連結自然非常淡薄，大家不知道彼此的姓名，更稱不上有什麼連結。但是，**即使只是一起熱烈地討論某個梗，都能感受到「世上有人和自己抱持著相同的心情」，因而覺得安心**。

所以，將社群軟體當作拓展人際網絡的選項之一，也未嘗不可。

## 出門走走聆聽環境音

居家上班之所以讓人感到孤獨，其中一個原因就是缺少了身處辦公大樓中才有的環境音。

**像是說話聲、電話聲、人們往來的腳步聲等環境音，都代表我們的身邊圍繞著許多人。一旦聽不見這些聲音，我們就會感覺不到他人的存在，從而產生被社會隔絕的孤立感。**

因此，只要狀況允許，就盡量去咖啡館或共享空間工作，體驗環境音帶來的安心感吧。

## ●解析孤獨的原因再對症下藥

覺得自己「孤單一個人」或是「好寂寞」時，不要急著排遣孤獨，而是要努力去分析原因，這一點非常重要。

舉例來說，居家上班減少了和別人說話的機會，因而感到孤獨。**這時可以問問自己，具體上到底是哪些地方，讓自己悶悶不樂、鬱鬱寡歡**。或許是「不能和別人閒聊打屁」，也可能是「無法隨時找主管討論」，透過這樣的自問自答，就會得出明確的結果。

如果發現是因為和別人閒聊的機會減少了，那就「增加跟朋友打電話聯絡的時間」，試著思考因應的方法。

不過，這當中可能也有些狀況是自己無法控制或改善的，這時就只好盡量放下不去碰觸了。畢竟無法控制就是無法控制，除了放下也別無他法。

**重要的是找到自己能做的事，馬上開始行動。**

## 不用想「一定要早睡早起才行」

「今天要居家上班，但是好睏喔……視訊會議開始前再起床就好……」

鈴鈴鈴鈴鈴——

「慘了，太晚起床，結果工作做不完了。生活節奏整個大亂，再這樣下去不行啊……好，明天開始，一定要早睡早起！」

由於居家上班一整天都待在家裡，身邊又沒有其他人，很多人的生活節奏就這樣被打亂。有人會像前面這個例子，覺得「視訊會議開始前再起床就好」，起床時間於是變得隨心所欲；有人則剛好相反，因為處在隨時都能工作的環境，就經常忙到深夜。大家開始發現，要做好自我管理實屬不易。

面對這樣的情形，一般人通常會開始思考，「一定要早睡早起，調整自己的生活節奏」。然而，其實不用強迫自己非得「早睡」不可。

## 幾點起床，比何時就寢更重要

從精神醫學上來說，**自我管理的基本，是要固定「起床和三餐進食的時間」**。將這四個時間點固定下來，就能比較有意識地掌控日常起居的節奏。

**還有一個重點是，絕對不要規定就寢的時間**。

如果規定自己每天要在同一時間上床睡覺，對床鋪就會形成類似「巴夫洛夫的狗」這樣的制約反應。

比方說，為了早睡早起，規定自己要「晚上十一點睡覺」，於是每當時間一到，就算還不睏，也會逼自己上床，但因為沒有睡意，躺了半大就是無法入眠。這種狀況若持續下去，我們就會跟「巴夫洛夫的狗」一樣，看到床就開始焦慮：「今天睡得著嗎？」「今天沒問題嗎？」……漸漸地，床就變成了「睡不著的地方」。

因此，大原則就是不要規定就寢時間，想睡再睡就好。

至於想要早睡早起的關鍵，則是「每天在固定的時間起床」。

請每天在同一時間起床，充分沐浴在清晨的陽光下。當太陽的光線進入眼睛，會經由神經訊號，使人體在十五小時後分泌促進睡眠的褪黑激素，自然而然就想入睡。

**如果在床上躺了二十~三十分鐘仍然沒有睡意，就先起床去做別的事，像是喝杯熱牛奶、點燃薰香精油等，靜待睡意來臨。**

自我管理的基本，是要固定好起床和用餐的時間，

而且絕對不要規定就寢的時間

這麼做可以幫助大腦從工作狀態，也就是交感神經活躍的清醒模式，切換到副交感神經的放鬆模式。

在這裡就要提到一項很常見的誤解，那就是交感神經與副交感神經的切換，並不像電燈開關那樣簡單。

就像關了電腦之後，硬體必須從餘熱中漸漸冷卻，到了夜晚，交感神經也不會突然就切換成副交感神經，因為這時大腦還處於積極的運轉狀態，非常地亢奮。也因為如此，才會有工作已經結束，明明非常疲累卻還是睡不著的狀況發生。

尤其在當今的疫情期間，大腦就更是沒有餘裕了。從前人們下班後還可以在搖晃的電車裡讀著喜歡的書、或是悠閒地滑手機，慢慢誘使大腦轉換為副交感神經的模式，現在則連這樣的時間都變成了奢望。

因此，養成泡澡、閱讀的習慣，積極地保有讓大腦切換為放鬆模式的行動，真的十分重要。

## 很想居家上班，但又不敢提議

# 不用想「這樣請求會不會很自私」

偶爾也會有人找我諮商這樣的問題——

「我的工作型態可以居家上班，但公司裡大多數的人都不行，所以主管要我跟大家一樣每天進公司。如果我提出想居家上班，會不會很自私？」

這是考慮到公司整體的氛圍，刻意壓抑了自己的感受和需求。而這個問題最惱人的地方，就在於如何取得自我主張與工作協調之間的平衡。

如果想找到最佳的解決方案，可以先從「提案」的方式著手。不是單方面表明自己的主張，而是說明「這麼做對公司也有相當的益處，或許可以試行看看」，向公司提出建議。

以想要居家上班為例，就可以提出「減少出勤人數能降低群聚感染的風險」、「向社會展現公司是很有工作彈性的企業組織」之類的意見。

當然，**自己的建議不一定會被採納，所以要做好被駁回的心理準備**。只不過，不需要壓抑自己的想法，覺得「表達期望＝自私、任性」。

**重要的是，無需抱著「不是〇就是一百」的極端想法，而是要觀察對方的反應，一邊調整、一邊找到彼此的平衡點**。

剛開始可以提出大膽一點的主張，如果對方表現得很為難，再慢慢降低自己的期望。像是可以建議：「如果只是部分時段呢？就當是實驗看看？」一邊研判對方的顧慮、一邊進行合理的交涉，努力發揮「讀空氣」的技巧。

在這裡順帶跟大家聊個類似的狀況，職場環境中最讓人鬱悶，卻誰都不說的問題，就是溫度的高低。

每個人對於溫度的感覺，除了男女有所不同，也會因為座位和空調所在的位置、或者是否需要經常走動等，出現不小的落差。結果就是熱的人覺得熱、冷的人覺得冷，每個人的感覺都是對的，所以一旦有人抱怨「這個辦公室太冷」，似乎就顯得有點自私。

這時，「提案」的方式就變得很重要了。

「空調直接對著我，我會覺得很冷，不曉得可以調整空調的風向嗎？」

這時若還能附上客觀的數據，就會更有說服力。例如，可以測量辦公室的四個角落和中央的溫度，最後再比較彼此之間的落差，這種「五點觀測」就是職醫經常使用的方法。

# 不用想「一定要拿出幹勁」

「啊～～不想工作……」

「嗚～～不行，一定要拿出幹勁來……！」

幹勁可不是想要就會有的喔！

那要怎麼辦呢……？不能只用想的，用四大行動來激發幹勁吧！

缺乏動力的時候，都會產生「一定要拿出幹勁」的想法吧，只可惜，幹勁不是想要就會有的東西。與其說不用想，不如說想了也沒什麼意義。

基本上，真的不做不行時，無論如何就是得做。反過來說，會缺乏動力或幹勁，就代表時間可能還不是那麼緊迫。

人類會受到**「截止期限效應」**（deadline effect）的影響，這是指截止期限會激發幹勁，讓人自然產生動力。就像上小學時，有些人往往都趕在最後一天才一口氣完成暑假作業，這就是截止期限造成的效應。因為「明天就要開學了」，這個緊迫的期限激發出了行為的動力。

所以，我們可以反過來利用這個效果——**不是只在腦中鞭策自己「一定要拿出幹勁」，而是要藉由行動來推自己一把，才能向前邁進。**

## ●設定時限，善用截止效應

藉由行動激發幹勁的第一個方法，就是剛才提到的「截止期限效應」。

具體來說就是**設定時限，例如由自己設定一個截止的時間，像是在午休時間、六十分鐘內完成一項任務，設定工作結束的最終期限等。**這個方法不只在辦公室工作時會奏效，更是推薦居家上班的人多加利用。

在辦公室工作，還有固定的末班車或休息時間，讓人產生「必須在幾點以前完成〇〇」的緊迫感。但居家上班就沒有這些依據了，所以需要一一設定時限，製造出「必須在這裡結束」的目標感，這一點非常重要。

除了缺乏幹勁或動力的人，工作過度的人也一定要試試這個作法。出人意表的是，有不少人都是「一工作就忘了時間」，但長久持續工作會降低集中力，為了提升成果品質，就要有意識地設定時限，讓自己充分休息。

## ◆以換裝來切換公私模式

第二種方法，是利用換裝來改變氛圍，進而讓心情跟著轉換。

居家上班的服裝，大多比出門上班時更隨性，通常是「不開會就穿家居服」的狀態。很多人可能都穿著平常在家裡休息時的衣服處理工作，就是因為這樣，才不太容易轉換心情。

**在家裡當然不需要西裝筆挺或特意化妝，但至少要穿著直接去上班也沒問題的服裝**。我所諮商的對象中，甚至還有人會在家裡穿鞋，當他們穿上鞋子就進入工作模式，脫下鞋子後就變成爸爸或媽媽。

## ●做就對了，激發出「勞動興奮」

第三個方法，就是直接開始行動。

**就算完全不想工作，一旦逼自己開始了，就會莫名地越做越有勁**。大家應該都有過這種經驗吧？這就是所謂的「勞動興奮」狀態，只要著手行動，便會漸漸激發幹勁。採用這個方法時，可以先從簡單的事情做起，例如回覆E-mail或處理一般的行政工作等。

設定截止期限、變裝切換心情，

藉由明確的目標和行動來激發幹勁

最後要推薦的方法是——反向運用「時間折價」的心理傾向。

所謂的**「時間折價」**（temporal discounting），是指「人們會輕忽未來更大的獎賞，傾向於獲取眼前較小的獎賞」這樣的思考模式。

關於這個理論，有一個著名的「棉花糖實驗」。實驗人員在每個孩子面前放了一顆棉花糖，告訴他們「只要十五分鐘內忍住沒有吃掉，就會再給一顆做為獎勵」，接著實驗人員便離開房間，十五分鐘之後再回來。

最後得出的結果是，有三分之二的孩子都受不了誘惑，吃掉了棉花糖。明明只要忍耐十五分鐘就能得到更大的獎勵，他們卻辦不到，這就是人性。

所以，想要激發幹勁，就可以反過來利用這個方法。做好工作原本就是應該的事，我們也能從中獲益，除了取得薪資，還會練就工作技能，同時提高自己在社會上的信用。但是，由於「時間折價」的傾向作祟，人們往往低估這些將來的獲益，因而難以實現遠程的目標。

另一方面，人們又很容易被眼前的獎賞所吸引，因此**只要為自己設定最簡單、可以及時取得的獎賞，就能打開行動的開關**。

打開電腦，就喝一杯咖啡。

寫完企劃書，就吃一個甜點。

除了想激發幹勁的人可以這麼做，我也強烈推薦一想到要上班就很痛苦的人嘗試看看。比方說，如果每到週一便苦惱難熬，就獎勵自己當天到公司附近的餐廳享用一頓豪華早餐，或是在上班途中行經的咖啡館閱讀一下感興趣的雜誌等。只要給自己設定這樣的獎勵，情況就更容易漸漸好轉。

第
3
章

# 工作障礙區

## 關於工作方式，這些事「不用想」也可以

總是以滿分為目標，很可能造就「少了一分都不可原諒」的自己，
宛如充氣過度的緊繃氣球，一不小心就會爆炸。
世上沒有人不會失敗，每個人都會給人添麻煩，
放棄滿分主義，留下更多寬鬆的空間，
在自己失敗或別人犯錯時，才更容易抱持平常心。

經驗需要日積月累、感受體會，最後融入自己的生命，
我們每天必然都在成長，今天，就是人生中經驗值最高的一天。
所以，不必為了「投資自己」的名義，
硬要勉強去拓展人脈，或學習毫無興趣的事，
自己的時間與心力，請為了自己好好利用。

# 不用想「有成就感的工作才值得做」

由於現今的工作方式已經有了各種改變，很多人可能會開始思考：「這是我真正想做的工作嗎？」但是，沒有成就感又有什麼關係呢？

當然，如果這個工作讓自己很痛苦，最好盡早轉職；不過，若只是因為「沒有成就感」，說實話，我不覺得這是換工作的理由。

當今這個時代，幹練、俐落地做著有成就感的工作、看來閃閃發光，似乎才會獲得眾人的注目與讚賞，所以每個人都不知不覺以此為目標。但是，可以拿到薪水，有遮風避雨的房子，還能吃飽穿暖，這樣不足夠嗎？

況且，在了解實情之後，就會發現很多抱怨「工作缺乏成就感」的人，現在做的根本不是自己想做的工作。那麼，沒有成就感不是很正常的事嗎？明明不是想做的工作，卻硬要追求成就感，當然會難上加難。

只不過，一旦問他們「做什麼樣的工作才能體會到成就感」，他們又都沉默不語。連什麼事能讓自己產生幹勁、引發動力都不知道，卻因為追求不到「成就感」而煩惱？

只是當我指出這一點，卻被這樣反駁：「因為醫生很幸運啊，你是精神科醫師，工作這麼特別，又是你一直想做的工作，當然很容易有成就感。」

的確，我為了當上醫生，從高中時就拚命讀書，甚至還重考了兩次，一心只朝著目標前進。真要說起來，我確實處在一個容易獲得成就感的立場。

但是，現在這個工作真的讓我非常有成就感嗎？這其實有點微妙。有時候，我只覺得自己是在機械性地完成眼前的工作。

我開始思考到底什麼是成就感，我想應該是——「做自己想做的事，而且遭遇了障礙，於是努力突破後所產生的達成感」。因此，要是沒有想做的事、渴望實現的夢想，也就不會碰上讓自己體會到成就感的「障礙」。

況且，**世上只有少數人真的能從工作中得到成就感，不然早上通勤電車裡的人們，就不會都是生無可戀的表情了。**

有人可能會想，「雖說如此，但沒有成就感的人生不是太無趣了嗎？」

**正因如此，我們才更不用執著於工作，而是要在個人生活中盡情去挑戰所有自己想做的事。有時候，這樣反而會給工作帶來全新的成就感。**

怎麼說呢？在生活中做自己想做的事，往往會遇到障礙，而這個障礙有很大的概率就是我們的工作，像是「晚上七點有想看的電影，偏偏工作做不完」。因此，當我們克服萬難完成工作，終於能在晚上七點看到電影，一定會很有成就感吧，這不就是很棒的成果了？

不用執著於工作的成就感，

而是要在生活裡盡情去挑戰所有想做的事

## 不用想「我真是個累贅」

無法如己所願發揮實力，只覺得自己始終在給周遭的人添麻煩，真的會非常苦悶；不能成為理想中精彩表現的自己，也讓人難免灰心喪志。

但是，也不需要因此就覺得「我真是個累贅」，一直逼迫自己。

因為工作與人生，只要追求「六十分」就足夠了。

為了接近理想中的自己，設定遠大的目標並朝著它努力精進，是很美好的事。然而，**如果總是以滿分為目標，之後會發生什麼事呢？**

**到頭來，很可能會造就「不是滿分就無法滿足」、「少了一分都不可原**

**諒」的自己，因而處在完全緊繃的狀態，宛如充氣過度的氣球，一不小心就會爆炸。**

那麼，如果設定六十分就及格，又會如何呢？

因為一開始就知道不可能滿分，有著失敗的心理準備，所以自己犯了錯也能接受。換言之，剩下那尚未達標的四十分，會使我們的內心更有餘裕。

只不過，以滿分為目標並為此所苦的人聽我說了這番話，卻是這麼回答的：「如果抱著六十分就及格的想法，自己是輕鬆了，但終究還是會給周遭的人添麻煩，甚至會拖累到總是全力以赴、追求滿分的人。既然如此，還不如每個人都努力做到滿分。」

這樣說的確也沒錯，但我覺得所謂的標準，其實是因人而異。

在這世上，沒有一個人的工作和環境跟自己完全相同，就算拿別人和自己比較，也不可能得到正確的分數，畢竟這些分數一點也不客觀。

因此，你認為只有六十分的結果，在別人看來可能有九十分；反過來說，你覺得做到了九十分，在別人眼中可能只有三十分，每個人對結果的評價都是天差地別。

所以，如果因為「自己每次都努力做到滿分，那傢伙卻只做到六十分」而憤怒不滿，不僅會沒完沒了，更得不到正確答案。

說到底，人類這種生物都是相依共存的，世上沒有人不會失敗，每個人都會給人添麻煩。在現今這個時代，每個職場上的工作者都需要保有內心的餘裕。

**放棄滿分主義，留下四十分的空間，在自己失敗或別人犯錯時，都更容易抱持平常心，覺得「人生不如意，十常八九」。我期待世間能保有如此寬容。**

工作與人生，只要六十分就及格，

留下四十分的空間，在失敗或犯錯時才更有餘裕

不敢挑戰新事物

## 不用想「搞砸了會很丟臉」

「哇～～這個看起來好有趣哦！感覺也能用在工作上，有點想試試看。」

「不過，要是搞砸的話就太丟臉了……」

害怕失敗的人，很可能有自我肯定感過低的問題喔！

那麼，自我肯定感過低的人會有什麼樣的特徵呢？

接著就來看看詳細的說明吧！

對很多人來說，失敗就等於丟臉。但是這種想法會讓人錯失很多機會，況且就算真的失敗了，這些經驗一定也能運用在未來。所以，不用想「搞砸了會很丟臉」，想做什麼就盡情去做吧。

真要追根究柢起來，究竟是為了什麼，人們會覺得失敗很丟臉呢？世上也存在著不怕失敗、勇於挑戰的人。害怕失敗會丟臉的人和對失敗不以為意的人，兩者之間的差別又是什麼？

答案的關鍵，就是「自我肯定感」。

**所謂的「自我肯定感」，是一種「我可以做我自己」的感覺。**

偶爾會有人誤以為，「自我肯定感高＝能對成功的自己給予高度評價」，也就是「認為自己很優秀、很了不起」，其實並非如此。

自我肯定感高的人，是**不管處在順境或逆境，都能原原本本地接受「這就是自己」；無論是什麼樣的自己，都能坦然地認同**。

**・自我肯定感高的特徵**

- □樂觀
- □了解自己的弱點
- □理解人生會有失敗
- □能清楚表達自己的意見
- □不行的時候就說不行
- □能夠依賴別人

**・自我肯定感低的特徵**

- □認為自己什麼都做不到
- □覺得周遭的人都討厭自己
- □無法坦然接受稱讚
- □自尊心很強

- 絕不讓別人看到弱點
- 無法依賴別人

自我肯定感高的人，無論哪一種樣貌的自己都能完全接納，所以會坦然承認短處，不隨波逐流，依循自己的心之所向行動。

自我肯定感低的人，則對自己抱持否定的態度，即使受到旁人讚揚，也很難認同自己的優點。

## ● 自我肯定感低的人，自尊心反而超強

「認為自己什麼都做不到」與「自尊心很強」看起來完全相反，但最根源的部分卻是相連的。

**自我肯定感低的人，內心深處通常都認為「我很糟糕」，但具體上是哪**

**些地方糟糕，他們又缺乏正確的了解，只是固執地認定自己不行，卻沒有進行客觀的分析。因此，一旦弱點被暴露出來，他們就會完全無法接受。**

這其實十分正常，因為他們是真的不知道啊！最後導致的結果，就是他們會直接否認：「我知道自己很糟糕，但那不是我。」

就算親眼目睹了，也絕對不讓人知道那是自己的弱點，更不用說向他人求助。所以，他們展現出來的就是自尊心超強的形象。

那麼，要怎麼做才能提高自我肯定感呢？那就是「勇於挑戰新事物」。

挑戰新事物，或許會出乎意料地成功，即使失敗了，也能知道自己會在哪裡跌倒。不斷累積這些經驗，就會發現「我什麼都做不到、我很糟糕」這樣的想法其實毫無根據，自然就會提高自我肯定感。

世上的工作，有些容易被人看見成果，也有些是默默隱於人後。

比方說，我的工作就屬於容易被人看見的類型。看著原本面容憔悴的諮商者，隨著治療逐漸恢復活力、重拾笑容，最後告別診療室，我不敢說是自己的功勞，但因為我會直接接觸到患者，所以更能直觀地感受到結果。

然而，有些工作就沒有這麼直觀，無法立即目睹成果，所以不禁會讓人懷疑，自己所做的事對這個世界到底有沒有幫助。

不過，**這份努力必然和某個目標有所連結，不會是徒勞無功。既然會取得報酬，就代表這個工作必定能為某些人帶來幸福、觸動笑容。**

若覺得自己「對任何人都沒有貢獻」，我推薦大家可以用這個簡單的方法來寫日記——

**● 回想在當天碰到的人之中，有哪一個人讓自己印象深刻。**

**● 那個人因為碰到自己，得到了什麼樣的正面效益，然後以對方的角度來寫日記。**

例如，今天你（＝A）補充了影印機的紙張，因此得到同事（＝B）的感謝，就可以這麼寫——

「今天急著出去開會，偏偏影印機的紙沒了，我正急得手忙腳亂時，A過來幫我補充了影印紙。多虧了他，我終於來得及印出企劃書，與客戶會面也沒有遲到，成功地提出了企劃。」

這裡的重點是：不用自己的角度，而是用對方的角度來書寫。如此就能發現「原來自己對別人的工作有所助益」，進而提高「自我貢獻感」。

所謂的「自我貢獻感」，是一種覺得「自己對他人有所助益」的正面感受。雖然名稱和「自我肯定感」有點類似，但自我肯定感是屬於自己領域的問題，自我貢獻感則要跟他人有所連結時才會產生．兩者有其差異。

不過，就連醫生之間對自我貢獻感的解釋都有些分歧，很難有確切的結論，而我自己是這麼認為的——最好的狀態，是自我肯定感和自我貢獻感都高。既能原原本本接受糟糕的自己，又覺得自己對他人有所助益。

## 自我貢獻感過低，會造成負面反彈

而自我貢獻感單方面過高，則是不好的狀態。因為這可能是內心深處的自我貢獻感過低，所造成的反彈。

也就是說，這個人的內心深處完全不覺得自己對他人有任何助益（＝自我貢獻感低），因此便轉往更簡單的方向尋求解決，藉此自我膨脹（＝提高自我貢獻感）。

像是愛管閒事、執拗地要求別人感恩，任勞任怨、從不拒絕別人的各種請求，沉迷於為渣男付出……等，**有人會拚命收集微小的自我貢獻感，甚至產生依存心理，到頭來就會陷入即使虧待自己，也要以他人為優先的不健康狀態**。順道一提，這類型的人通常對他人的情緒都有敏銳的察覺，以高敏感族群居多。

所以，根本的關鍵是要培育出「健康的自我貢獻感」。為此就必須養成58頁「不用想必須笑臉迎人」這一節中所提到的心態，也就是「重視自己的情緒」。用對方的角度寫日記，這個方法很推薦大家試試看！

# 不用想「必須投資自己」

「下班時間到了，回家吧！」

A同事：「我今天要去英語教室。」

B同事：「我要去聽投資理財的講座。」

「大家都在努力進修、投資自己，好厲害啊！比起來，我就……」

別緊張，其實「投資自己=政治正確」是錯誤的想法喔！

從三十年前、十年前、三年前、一年前、半年前……一路走到現在，今天就是你人生中經驗值最高的一天。所以，你一直有在好好地成長喔！

近來常會聽到所謂「投資自己」這樣的主張，像是努力學習外語、考取證照或拓展人脈等，被很多人視為是積極進取的行動。

如果自己真的很感興趣，也想要努力嘗試，那當然完全沒有問題；但從我的角度來看，**有很多人其實是受「投資自己才是政治正確」的主流壓力所迫，而被捲進了職場上的同儕競爭。**

明明怎麼看都是內向型的人，卻逼著自己要去「拓展人脈」，每次我都很想對他們說：「其實你不用那麼辛苦地勉強自己喔。」

## • 不必勉強自己去做與性格不符的事

每個人的性格都不相同，有人屬於社交型，有人則是內向型。無視於個別差異，只因為「拓展人脈可以提升自我」這種論調，就拚命勉強自己去做與性格不符的事，真會讓人心疼得想拍拍他們的背給予安慰。

不必受制於主流壓力，將心力浪費在毫無興趣的事物上

自己的時間，請為了自己好好利用

畢竟，連跟我說話都緊張得汗流浹背，真的很難想像他們可以學會長袖善舞地與他人交際。

**經驗需要日積月累地提升，歷經各種悲歡離合，最後融入自己的生命。**

**也就是說，我們每天必然都在成長。**

**今天，就是人生中經驗值最高的**一天。

這麼一想，其實就沒有必要以投資自己的名義，將時間和心力浪費在其實毫無興趣的事情上。不管周遭的人們如何投資自己，都不需要隨之起舞，自己的時間，請為了自己好好利用。

# 不用想「做這種事會不會不切實際」

有些人就算內心懷有某些夢想或願望，也會因為「這實在不像自己的作風」、「會被指指點點」、「周遭的人會覺得不切實際」等各種顧慮，而踩下剎車、裹足不前。

但是我覺得，有想做的事就去做，才是最好的選擇。

在這裡稍微說一下我自己的故事吧。大約從三年前開始，我就以金色爆炸頭假髮和紅框眼鏡的造型，在IG直播或媒體中亮相。而我會做這樣的打扮，主要是想改變大家對精神科的印象。

精神科一直給大眾十分恐怖、令人退避三舍的感覺，我還常被問到「精神科病房是不是就像監獄啊？」、「裡頭的病人都跟美劇演的一樣，在腳上銬著鐵鍊對吧？」之類的問題。

實際上，精神科的診療環境和內科沒什麼差別，甚至為了讓患者放鬆，還會經常擺上鮮花或家飾品，所以大多非常整潔、美觀。只有安置重症患者的緊急加護病房，會避免放置所有危險的物品，雖然顯得有些單調，但也絕不像監獄。

如果自己或家人因為心理狀況不佳而需要到精神科就診，應該也不想讓別人覺得那是個「像監獄一樣陰暗、可怕的地方」吧！

所以，我首先思考的就是如何改變精神科給人的負面觀感。由於醫生總是給人堅不可摧、完美無缺的感覺，我於是想著「那就來弄個不太可靠的形象吧！」，最後選擇了這個造型。

我就用這樣的造型進行了三年的活動，現在已經變成精神醫學界所有醫生的眼中釘了（笑）。

不只精神科，應該說我幾乎被整個醫學界討厭，簡直是欲除之而後快。有很多人指責我「褻瀆了醫學界」、「可笑到極點」、「品味低下」、「不知道適可而止，缺乏是非判斷」。

的確，醫學與醫療是高尚且值得敬重的學問，它之所以如此獨特而尊貴，要歸功於過往的每一位先驅者為後世構築、累積了無數的專業資產。

偏偏我大舉拉低了醫界的格調，也因此引發眾怒，得罪了許多人；有些同業即使並未發聲，但在內心想必也是附和那些反對者的。

然而，我的目的就是要拉低醫者的地位。我想消除世人對醫生所抱持的疏離、難以接近的感覺，所以當我接收到各種批評的聲浪，心裡反而有些安慰，這代表我「至少造成了一些影響」。

即使我的作法遭到醫學界側目，而被厭惡、排擠，我也不太在意。我甚至拜此所賜受到了媒體注目，得以出書與大家有交流的機會，更是讓我開心自己做了這樣的決定。

所以，**大家如果有想挑戰的事，千萬不要為了在意別人的眼光而退縮遲疑、不敢行動，最重要的就是以自己的意願與想望為優先。**

# 不用想「請假會給人添麻煩」

很多人會在身體不適、顯然需要休息時，還是寧可硬撐著去上班，主要是「不想給人添麻煩」。

但我覺得，**只要把它當成是一種「互相」的狀態就好。每個人的身體都可能出狀況，所以不必因為自己現在需要請假休息，而產生罪惡感**。

對於那些「害怕給人添麻煩」而勉強自己、不肯休息的人，我通常都會問他們以下這個問題：

「假設你今天請假休息好了，你的公司會因為這樣明天就倒閉嗎？」

大家也都會回答我：「怎麼可能。」

當然，不休息有很多原因，例如某些工作只有自己能處理、或是一定要在今天內完成等。但是從公司整體來看，這只是其中的一個小環節，所以真有必要為了工作犧牲自己的健康嗎？

## 能取代你的人多的是，盡量逃跑吧

不過，我也曾被這樣回應：「我知道就算我休息了，公司也不會倒掉。但是，承認這件事讓人覺得自己的存在價值好渺小，心情反而更沮喪了。」

或許真是這樣沒錯，但身體不適也會影響工作表現，所以首要之務還是應該好好休養，恢復平時的健康狀態，才能為公司做出更多貢獻。

至於我自己，則是常被從前讀過的一本書中所寫的這句話鼓勵——

「能取代你的人多的是，所以盡量逃跑吧！」

到處都有職醫、精神科醫師也有很多，比我優秀的醫生更是不勝枚舉，一旦我出了什麼狀況，一定會請人接手。

這並非代表我不負責任，任意丟下病人不管，而是我信賴其他的醫生。

**當我的工作表現受到影響，與其因為廉價的正義感硬是抱著病人不放，還不如選擇一個對雙方都適合的解決方案。**

所以，不用想「請假會給人添麻煩」，就抱著人與人都是「互相」的心態，好好保重自己的精神和身體吧。

# 不用想「未來究竟會如何」

「今天的東證股價是……景氣真差啊……」

「聽說〇〇被資遣了；△△被派到地方分公司了。」

「我可能也很危險……未來會怎麼樣呢……唉！」

別擔心！只要撐過今天，明天自然就會到來！

在這個前景不明的時代，很多人都對「未來究竟會如何」深感不安。前陣子，就有人來找我諮商這樣的問題。

「之前我和兩位合作對象在外面開會，他們用 iPad Pro 取代筆記本，手上也戴著智慧型手錶，而我還在用紙和筆，戴的也是普通手錶，好像只有自己跟不上新時代的腳步，覺得很不安……」

我的回答是：「完全沒有問題喔！」

如果有好好記錄、整理，筆記本就很夠用；若是想知道時間，普通手錶也可以準確報時，總之只要最終能達成目的就好。況且，就算沒有主動去順應變化，只要某項趨勢變成了主流，人類自然就會努力調適。

就像高齡者也開始使用智慧型手機，是因為功能型手機退出市場了。如果功能型手機現今還在流通，老年人大概不會特地改用智慧型手機，畢竟適應變化需要勞心費神，並不輕鬆。

數位產品也是一樣，只要成為大宗或主流，人們也只好學著去適應。所以，如果當前還存在別的選擇，又何需特地花費心力去改變，畢竟我們的目的並非是「使用數位產品」。**自己的能量，當然要最大限度地用來實現自己想達成的目的**。

聽我說完這番話，諮商者也稍微寬心地回答了：「說的也是，這樣操煩未來也沒什麼意義，我只要關注當下就好。」

完全就是如此。過度關注不可知的未來，只會讓自己逐漸陷入不安。

所以，身處在變動頻繁的時代，更需要順其自然、穩扎穩打地度過。

**想要消除不安，最簡單的方法就是「關注當下」。或許要時刻都只關注著當下有點困難，那就放寬範圍到只「關注今天」就好。**

只要撐過今天，明天自然會到來。

再撐過明天，新的明天又會到來。

不用想「前景茫茫，實在好不安」，就順其自然、穩扎穩打地度過每一天吧！

## 不敢主張自己的意見

# 不用想「會不會傷到對方」

大家的意見是A，但自己覺得是B，卻擔心會「打亂平衡」、「傷到對方」，結果什麼都不敢說，事後又為自己的「消極、畏縮」而沮喪……這應該是蠻常見的情形吧。

不敢表達自我主張的人，通常都是害怕被討厭，或者擔心被說成自私自利。在他們的潛意識裡，認為「否定對方的意見，就等於否定對方本人」。

然而，**表達不同的意見，並非是否定對方；壓抑自己真正的心情，可是會迷失自我**。因此，平時如果遇到自己覺得是NO，但可能被迫說YES的情形，就要努力練習，傳達出自己的想法。

如果覺得自己容易隨波逐流，可以先練習「在推特、臉書等社群媒體上封鎖別人」。

容易罹患心理疾病的人，大多是認真負責、性格也很溫柔。他們十分顧忌別人的心情，不會堅持自我主張，碰上糟糕的事也從不抱怨，只會苦笑帶過，因此幾乎很少聽到他們說NO。

即使在社群媒體被討厭的陌生人騷擾，他們也會猶豫該不該封鎖對方，因為覺得「這樣似乎很沒禮貌」、「像是在逃避一樣」。

然而，近年來網路霸凌的問題日益嚴重，甚至有人因此走上絕路。**如果毫無底限地接收別人丟過來的意見，只會讓自己傷痕累累。所以，一旦對方讓自己覺得不舒服，就直接封鎖吧！**

「封鎖就等於是說NO」，一旦在社群上封鎖別人的經驗多了，就不會那麼抗拒在現實生活中反駁對方了。也就是說，我們可以藉由網路上的封鎖動作消滅內心的抗拒感，讓自己習慣說NO。

順道一提，我自己的作法也是直接封鎖。就像前面說過的，我深受醫學界排擠，很多人會透過推特傳訊息批評我，一過去看他們的帳號，發現發言內容大多是醫學相關的討論，便可以研判應該是同行。所以，我都是不假思索，就直接封鎖這些帳號（笑）。

多封鎖幾次，就會覺得沒什麼了，所以我超級推薦喔！

因為犯錯被痛罵一頓

# 不用想「必須趕快轉換心情」

有些人只要一犯錯，就會全面否定自己，覺得「反正自己就是沒用」、「自己不管做什麼都很糟糕」。前陣子，我進行了一場職醫的諮商面談，當中就出現這樣的對話。

C：「因為我的失誤得罪了客戶，讓我實在無地自容，只覺得自己是個成事不足、敗事有餘的傢伙。雖然知道必須要趕快轉換心情、振作起來，但心情就是一直很沉重……」

我：「不用想著『必須趕快轉換心情』喔！」

C：「啊？為什麼？」

我：「畢竟，每個人都會因為自己的失誤而沮喪啊！事情都搞砸了，不難過才奇怪吧？如果有人這個時候還嬉皮笑臉，那也太恐怖了。」

C：「話是沒錯啦……」

我：「所以啊，你完全可以沮喪。不管怎麼樣，事情已經發生了，也沒辦法挽回，而且你會那麼沮喪，不也代表你之前真的很努力、費了很多心神嗎？正因為你對工作很有熱忱，才會那麼難過吧？」

C：「嗯，是這樣沒錯。」

我：「所以，我反倒希望你能夠稱讚自己。如果你根本不在乎自己的工作，出錯了應該也不會懊惱，因此沮喪並不是壞事，重點是接下來的行動。今後盡量留意，不要再犯同樣的錯誤就好。不用逼自己一定要趕快轉換心情，這樣只會更難受。」

C：「的確是啊，現在我覺得輕鬆多了，謝謝醫生。」

不必急著轉換心情，而是要稱讚自己的努力
你完全可以沮喪，緩衝一下再往前走

對工作沒有熱忱，只是應付了事，就算犯了錯也不會難過。**只有對工作認真、負責的人，才會對結果如此耿耿於懷，所以會沮喪、懊惱是理所當然的，這正是自己用心努力的證明。**

而我也曾經被問過：「那可以沮喪多久呢？」

說是標準可能有點奇怪，不過一般來說，沮喪要是超過兩週以上，就有罹患憂鬱症的危險，因此如果是一半時間的一週左右，就完全沒有問題。

也有人吃完午飯心情就放鬆了，或是晚上睡了一覺就平靜下來。當然，這不是說他們不夠沮喪或不夠重視，也並非是指情緒低落的時間越短越好，重點是不必告誡自己得趕快打起精神，這樣對身心都沒有助益。**只要心情能夠自然地轉換，時間的早晚或多少都不是問題。**

事情沒按照計畫進行

# 不用想「都是我缺乏決心」

「又胖了……誰叫我運動不足呢。好！從明天開始努力減肥！」

早上慢跑～～晚上健身～～

三天後——「好睏……棉被好舒服啊。」

一個月後——大口狂吃洋芋片……

「我不是在減肥嗎？但褲子還是好緊，完全沒有動力再繼續啊……」

一起來學習讓事情順利推進的訣竅吧！

明明訂好了計畫，卻因為缺乏動力、幹勁而不斷拖延，只顧著眼前的享樂，結果便不了了之。有人會因此責備自己「沒有決心」、「缺乏自我管理的能力」，其實並不需要這樣想。

與其自我責備，還不如試著做些力所能及的改變，讓計畫順利推進。想做到這一點，就需要「持續保有達成目標的動力」。

無論剛開始有多麼積極，如果只是三分鐘熱度，計畫都會無疾而終。所以，**如何「創造一個持續保有動力的環境」，才是實現計畫的最終關鍵。**

此時可以採取的行動有四項——

- **具體地列出目標**

明確地列出具體目標，這一步很重要。例如設定「下週五之前要完成企劃書」、「這個月給一百家公司打電話開發客戶」等，不這麼做就會找不到方向，也無法判斷自己有沒有確實往前推進。

- **與他人共享目標**

公開宣示自己的目標，或是和別人一起實踐。如果是獨自實行，可能會輕言放棄，若有他人共同參與，則會給自己造成良性的壓力，比較不容易半途而廢。

**• 有效地記住目標**

特別是長期性的目標，一不小心就會被拋在腦後，像是「今年多益檢定要考過七百分」，很可能三個月後就被忘得一乾二淨。為了加以防範，可以將目標貼在牆上隨時可見的地方，持續提醒自己，或是在手帳、日誌中記下進展的過程，努力不讓自己忘卻目標。

**• 訂立實際的行動以達成目標**

以「今年多益檢定要考過七百分」這個目標為例，就可以仔細規劃好要採取哪些具體的行動，然後努力落實。如果毫無章法地走一步算一步，最後可能會迷失方向，也無法激勵自己。所以，訂立一套讓自己朝向目標推進的評價機制，是絕對必要的步驟。

順道一提，去年我立下了「半年內減重十公斤」的瘦身目標，因此制定了「戒掉零食」、「晚上九點開始運動」等具體計畫。由於每天都必須有所行動，所以不容易忘記；我又在ＩＧ上公開自己的瘦身過程，最後在眾人目光的監督下，終於順利達成目標。

沒達到預設的工作進度

# 不用想「今天一定要完成」

「工作一直做不完啊……今天無論如何一定要完成！」

其實，做到一半就先結束，反而更有效率喔！

這就是心理學上所謂的**「蔡加尼克效應」（Zeigarnik effect）——人類更容易記住未完成或是被打斷的工作。所以做到一半就打住，第二天反而更容易進入狀況，不用勉強自己非得完成預設進度喔！**

每個人都希望工作或任務能按照計畫進行，或是完整告一段落，一旦沒在預定時間內完成，導致進度卡在中間，的確會讓人心裡有些疙瘩，覺得不太舒服。

然而，這樣的不快感其實才是關鍵。從長遠的眼光來看，比起將事情做到一個段落才結束，卡在不上不下的地方，會讓人產生煩躁、浮動的感覺，進而提升整體的工作效率。這就是「蔡加尼克效應」造成的結果。

## 善用「蔡加尼克效應」來延續動力

「蔡加尼克效應」是一種心理現象，主要是指比起已經達成的事項，人類更容易記住尚未完成的任務。

我們就把它放在工作的情境中思考看看吧。

當工作做到一個完整的段落，會讓人心情愉悅，感覺爽快不已。在此同時，這些「完成的部分」會被收納到大腦的角落，使本身的存在感降低。也因此，第二天重新展開工作時，我們就很難輕鬆發動引擎、即刻產生幹勁，可能需要用力踩下油門，才能順利進入工作模式。

做到一半就暂停也無妨，

「被卡住」的浮躁感，反而讓明天更有幹勁

另一方面，要是進度卡在中間，那種未完成的浮躁感，則會讓人處於怠速運轉的狀態，屆時只要輕輕一踩油門，就能馬上提升速度。

剛開始練習時，可能很難適應這種感覺，為了不讓週五的不快感橫貫整個週末，再持續到週一，最好在平時的上班時間嘗試，刻意留下這種浮躁的感受，讓今天的幹勁，一直延續到明天。

## 主管回覆 E-mail 很冷淡

# 不用想「我是不是做錯什麼了」

電子郵件可以二十四小時聯繫，不用像電話一樣考慮對方的狀況，是非常便利的工具。但是只有文字的交流溝通，有時也會因為對方的回應方式，使彼此產生誤解。

比方說，光是閱讀文字，會覺得對方好像在生氣，或者收到的回應有點冷淡，就會心生不安，覺得「自己是不是做錯什麼了」。

為了避免這種情況，**雙方在撰寫信件內容時，可以先認真想想，「對方看了自己的 E-mail 之後，會有什麼感覺」**。這一點很重要，如果只是擅自揣測，認為「對方應該知道自己的意思」，多半都會發生牴觸或誤解。

就我自己來說，為了正確傳達自己的感受，我經常會使用顏文字或表情符號。例如——

「對不起（≧д≦ゞ）」（道歉）

「感謝〜」（道謝）

「拜託了m(_ _)m」（請求）

「這樣如何……(>_<)」（提議）

「我覺得~(^_-)」（主張）

……大概就像這樣。

不只是表情符號和顏文字，有時候我也會混用流行語，讓文字整體感覺起來不會太過嚴肅，或是使用「……」表示自己的猶豫。

**如果是聯絡重要公事，可能不方便使用表情符號和顏文字，但也要盡量用文字清楚地表達自己的想法和感受，例如「很開心……」、「我覺得……可能不太適合」等。**

順道一提，用電郵聯絡也可能發生寄錯信的情況，這一點務必要留意。雖然電子郵件可以設定延遲發送，現在寄錯信也能即時撤回，但最簡單、迅速的預防方法就是「將內容寫完之後，再選擇收件人」。

如果一開始就設定好收件人，很可能還沒寫完就不小心按到傳送鍵，或是選錯收件人卻沒有再次確認，就直接寄出。所以，最後再設定收件人吧！只是一個小小的動作，就能大大減少因出錯而懊惱的機率。

## 打電話過去，對方卻說「待會再回電」

# 不用想「會被嫌不懂得挑時間」

由於智慧型手機的發達，電話的利用功能也跟著擴充，它比 E-mail 有著更高的即時性，資訊的傳遞交流也更為快速，這是很大的優勢。

然而，隨時隨地都可以聯繫，聯絡對象當前的狀況就成了最大的問題。由於無法掌握對方此刻正在做什麼，就必須考慮「現在打電話過去會不會造成對方的困擾」，這則是電話不便的地方。

若是安裝在辦公桌上的座機，無論何時打去，都能確定對方是在工作中，不需要顧慮太多。如果對方離開座位去洗手間或用餐，也會有其他人告知「〇〇現在不在位子上」，不至於打亂對方的作息安排。

但是，智慧型手機就不同了，如果一不小心在對方不方便時打過去，既無法如願好好說話，也會讓人事後懊惱「給對方添麻煩了」、「會不會被嫌不懂得挑時間」。就算自己是接電話的這一方，也會因為事情做到一半突然被打斷，影響了原本的時程而略感不悅。這麼一想，電話還真是讓人覺得有些壓力的溝通工具。

## ●事先訂定電話聯繫的規則

所以，若要預防自己會因為「挑錯時間」而沮喪，可以事先訂定電話聯繫的規則。我個人覺得，**最好是緊急的狀況再使用電話**。如此一來，接電話的一方就會知道「這個人打電話一定是有急事」，即使時機不對無法接聽，也不會覺得「這個人真不會挑時間」。**之所以讓人產生「不會挑時間」的負面觀感，多半代表這個人只要有一點小事就會打電話。**

**對於接電話有壓力的人，一定要試著表達出自己的立場。**例如告訴對方「現在有點忙，可不可以用 E-mail 聯繫」，或是用 E-mail 取代電話，向對方詢問各種重要事項。

透過這樣的方式，讓對方慢慢明白自己更偏好電話以外的聯繫，如果對方實在太遲鈍，也可以直接表明。我就經常直接提醒對方——

「除了緊急的時候，請盡量不要打電話聯絡要事。」

「如果不緊急，請用 E-mail 聯繫。」……就像這樣。

直接提醒對方雖然更有壓力，但偶爾也會遇到有人特地打電話來說「我剛剛寄了 E-mail 給你」，讓我覺得不直說不行，便坦言相告了。

近來職醫圈中流傳的資訊是——「現在有很多人都不接座機電話了」。越來越多家庭不再安裝座機，座機不像手機可以顯示號碼，也讓很多人害怕接聽，加上年輕人更習慣社群媒體的文字溝通方式，排斥打電話的人也逐漸增加。如果因此讓更多人理解世上也有電話恐懼症的族群，那就太好了。

## 開會時突然被徵詢意見，卻說不出來

# 不用想「一定要立刻言之有物」

「○○，你怎麼想？可以做嗎？」

「咦？啊……」心臟撲通跳個不停，真是壓力山大……

「那、那個……」不行～～想不出來啊～～

這個時候，可以盡量設法爭取時間！

開會時突然被徵詢意見，任誰都會恐慌，還可能心臟撲通亂跳，腦袋一片空白，就算有想法也不知道該如何妥善表達。尤其提問的人若是主管或客戶等上位者，常會受到現場氣氛的壓迫，只好對不利於自己的事表示同意，或難以順利傳達自己真正的想法。所以在這種時候，其實不用想著「必須當場回應」或「一定要說些什麼才行」。

## ●「爭取時間」，才能「妥善決定」

診療過程中也經常會出現這樣的狀況，當醫生說：「那麼，從明天開始進行○○吧？」患者聽了只能乖乖說「好」，因為醫生與患者之間，也存在著如同主管與部屬那樣無言的壓力。

這裡當然不是指醫生的地位在上、患者在下。但是，具備專業知識的人與不具備的人，在關係上很容易不對等，在這種狀況下，其中一方很可能就要被迫接受違反自己意願的選擇。

所以，**每個人都要具備「爭取時間」的意識，亦即不要當場給予回應，確保自己能有妥善「做出決定」的時間**。

沒有人規定我們當場就得決定，

無需慌張、更不必勉強，先為自己「爭取時間」

如果是診療中，可以告訴醫生「現在心情還很亂，需要整理一下，希望下次回診時再答覆」。

假使在會議上，則可以回答「我會再仔細考慮，然後用 E-mail 回覆」或者「我需要回報公司，再開內部會議討論」等。

沒有人規定我們當場就得做出決定，無需慌張、更不必勉強，只要清楚表達自己的意見就好。

## ● 事先準備，把想說的事列舉出來

想要清楚表達自己的意見，可以提前把它寫下來。**像這樣思考、整理過後，就算是臨時被徵詢想法，說不定也能妥善應對，不必再另外爭取時間，畢竟先前就做過一番準備。**

我也會拜託患者「把想說的事先一一列舉出來」。人在說話的時候，滿腦子想的都是當下正在說的事，最後就忘了原本要說什麼，直到進了家門，才猛然想起「明明要問那件事的」、「本來要討論這個問題的」、「竟然忘記說了！」，這種事可說是司空見慣。

所以我在診療時，都會請患者事先把想問或想說的事整理好，我再針對這些問題回答。事先做好準備，也可以消除不必要的緊張，設法做些力所能及的事，不要給自己的內心施加更多壓力。

# 不用想「一定要喜歡這份工作」

我最常聽人們傾訴的煩惱之一，就是「自己好像不適合現在的工作」。

此時我都會這樣回答——

**「如果你還能繼續做下去，就表示你適合不是嗎？這種感覺就足夠了，不用逼自己『一定要喜歡這份工作』。」**

當然，如果真覺得不適合，繼續做現在的工作只會讓自己痛苦、難受，也可以選擇辭職。或許有人會認為，經常換工作就像在逃避，但從職醫的立場來看，我認為這完全沒有問題。

## ●經常轉職的人，是工作意願強烈的人

辭掉工作、轉換到新的公司就職，其實是很消耗能量的事。所以經常轉職的人，通常都「具有強烈的工作意願」而令人佩服，也較少發生嚴重的心理疾病。

大部分罹患重度憂鬱症的人，都是長期置身在高壓的環境中，最後才導致發病。能夠在此之前就轉換工作、改變環境，這樣的人深諳生存之道，也有著足夠的強大，所以請別妄自非薄，要保持自信喔！

## 不用想「凡事都要使盡全力」

努力之後卻沒有做出成果，確實是很苦悶的事。經常有人因此來到我的診療室，訴說自己「明明已經很努力了，卻沒有得到相應的成果，主管還施加了更大的壓力，心真的好累」。

再問得詳細一點，就會發現大家真的都好努力，隨時都全心全意地面對工作、投入工作。

然而，我卻很為他們擔心。

因為，大多數人「努力」的方式都只有一種。對他們來說，「努力」的標準就是「使盡全力」。

**當「努力」的方式只剩下一種，無論是處理小事或解決重要的案子，都會用掉同等的心力。這麼一來，不但能量很快就會枯竭，還會累積龐大的壓力，一旦事態緊急，就再也撐不下去。**

「努力」這兩個字，不只對憂鬱症患者來說是禁語，我們也不需要這樣逼迫自己、對自己施壓，不然就會漸漸陷入「我都已經這麼努力了，還不夠嗎？」、「我再也拚不下去了」的困境。

## ●「努力」的方式也有六種類型

所以，我建議大家可以把「努力」的方式分為六種——

❶ **用盡全力（發揮100％的力量）**

❷ **努力一下吧（總之就試試看的感覺）**

❸ **在能力範圍內努力（一旦碰壁就求助）**

④ **需要時再努力（期限到達之前都不管）**

⑤ **有空檔再努力（閒來沒事再說）**

⑥ **有別人會努力（自己不做，交給別人處理）**

平常就好好記住這六種方式，做任何事情之前都先考慮一下「要努力到什麼程度」。一旦做出了決斷和選擇，就會變成一種心理暗示，守護自己的身體與心靈。

藉由這種方法，讓自己漸漸學會放鬆、舒緩，是十分重要的事。因為，你已經足夠努力，甚至是努力過頭了。

終章

# 身心調節器

## 養成讓心更強韌的 7 個習慣

無論是公司或工作，都不是人生的全部，
始終承受著超載的負荷，任誰遲早都會倒下。
當環境過於嚴峻，能讓自己暫停下來，
回頭審視身心，並及時給予修復，才真正是內心強大的人。

盡早發現身體上的違和感，趕緊重組生活步調，
取得適足的睡眠或休息，做好身心保養。
學著接納負面情緒，溫暖地包容內心，
放下多餘的顧慮，不要受制於主流壓力或錯誤的執念，
直到最後的最後，都要站在自己這一邊，肯定一路走來的努力。

習慣1

# 運用「意識掃描」檢視身體狀況

「要怎麼讓內心變得更強韌？」這大概是患者最常問我的問題。

在第1～3章，我已經針對各種情境，介紹了能夠即刻實踐以守護內心的方法；在終章，我則想討論更根本的問題，也就是如何讓內心本身變得更強韌，自然而然就不會再想到「不用想的事」。

## • 對身體的變化保持敏感

首先，我希望大家養成「對身體的變化保持敏感」的習慣。

或許有人會納悶，明明是在討論讓內心強韌的方法，怎麼會說到身體來了？這是因為**一個人的不適狀況，通常會先顯現在身體上，之後才會反映於內心**。所以只要注意身體的變化，就能在內心受到影響前先做好處理。

可能也有人會說：「何必這麼麻煩，等哪天身體不舒服不就知道了？」的確，如果發燒或頭痛了，馬上會知道身體不對勁，但能夠提早察覺異狀，才是更重要的事。在症狀加劇前，先捕捉「不對勁的徵兆」，意識到其中的危險性，並立刻療癒自己的身體，才能防患於未然，避免影響到內心。

## ● 高度緊張時，會聽不到身體在求救

要發現這種「不對勁的徵兆」，必須具有相當的敏銳度，特別是持續處於緊張狀態時，更需要特別留意。

不知道大家有沒有聽過這樣的故事？某個運動員在比賽中跌倒了，但他

還是繼續出賽，等比賽一結束，才突然感覺到激烈的疼痛，急忙送醫後，發現他已經骨折了。

實際上，這是很常見的情形。**持續處於緊張狀態時，腎上腺素會飆升，使人聽不到身體的求救。等到精神鬆懈下來，病症、傷痛就會反撲突襲，一個不注意還可能惡化。**所以，積極地關注、感知自己的身體「當下是什麼狀況」，是很重要的事。以工作為例，如果正在負責重大的案子或不熟悉的工作，就會一直處於高壓的緊張狀態，必須格外小心。

## ●模仿電腦斷層，進行「意識掃描」

想要提早察覺身體不對勁的徵兆，我推薦的是「意識掃描」這個方法，也就是模仿電腦斷層攝影掃描全身的感覺，利用意識從頭到尾掃描身體各個部位。執行的步驟很簡單——

**❶ 讓身體躺下來**

——接著模仿電腦斷層掃描，將意識轉向身體各部位。

**❷ 關注頸部以上，將意識集中在最容易疲累的三個部位**

——頭．眼．頸．耳．口中……等。

**❸ 關注上半身，將意識集中在最容易疲累的三個部位**

——肩．胸．腹．背．腰側……等。

**❹ 關注下半身，將意識集中在最容易疲累的三個部位**

——腰．大腿．小腿．膝蓋．腳踝……等。

其實採取什麼姿勢都無妨，只是躺下來進行最能放鬆。此外，眼睛要閉上或睜開都可以。

將身體分成頸部以上、上半身和下半身，再各自從中選出三個平常就容易出狀況的部位——3×3＝9個部位。

然後，模仿電腦斷層掃描的方式，將焦點集中在每個部位，緩慢地、仔細地逐一感知，看看是否出現了異於平常的現象。

比方說，頸部以上的部位是頭部・眼睛・脖子。

- □頭部會不會緊繃？
- □眼睛會不會睜不開？
- □脖子會不會卡卡的？

上半身是肩膀周圍・胸腔・腹部。

- □肩膀周邊會不會僵硬？
- □胸腔會不會呼吸不順？
- □腹部會不會疼痛、脹氣？

下半身是腰部・大腿・小腿。

- □腰部會不會疼痛？
- □大腿會不會腫脹無力或有其他異狀？
- □小腿會不會腫脹無力或有其他異狀？

將「意識掃描」變成每天的例行習慣，
盡早察覺身體上的違和感並及時因應

像這樣檢驗、確認，或許就會發現身體似乎有了某些異狀。這是非常重要的步驟，如此一來，才能初次察覺以往不曾注意過的問題，這也正是進行意識掃描的目的。

接下來，則要用平常心看待所發現的任何異狀。例如察覺自己有頭痛的現象，不要馬上就消極地想著「糟糕，會不會有什麼嚴重的問題」，這只是身體發出的求救訊號，只要客觀地接受這些感覺就好。

## 變成例行習慣，可及早發現異狀

「意識掃描」必須要每天實行。或許有人會覺得：「反正自己現在也沒什麼工作壓力，那就等到感覺有問題的時候，再來嘗試看看吧。」

的確，越是持續處於緊張狀態，身體就越容易出狀況，所以在某種意義上，這個想法也不算有錯。然而一旦忙碌起來，平常若沒有養成這種習慣，還會記得去嘗試嗎？屆時可能根本沒有這樣的餘裕吧。

因此，為了以防萬一，我建議大家還是趁著一切如常時盡早熟練，確實地養成這個習慣。

更重要的是，當「意識掃描」變成每天的例行活動，而不只是忙碌時才做，會更容易及早發現異狀。例如，有人的老毛病是肩膀酸痛或腰痛，如果每天都進行「意識掃描」，就能馬上察覺「今天的症狀跟昨天不一樣」。

**盡早發現身體上的違和感，並且意識到這是危險的徵兆，就要趕緊採取對策，讓自己獲得適足的睡眠或休息，做好身心保養。**

## 習慣2 泡澡保養法，是最佳的身心修復

接收到身體的求救訊號之後，就要開始認真地保養、修復。

以我自己為例，只要我一勉強自己，就容易冒出嚴重的頭痛症狀。所以當我進行意識掃描，發現頭部有點不對勁，就會立即反省「最近接了太多工作，導致睡眠不足」，然後決定「暫時不做負荷過重的事」，調整手頭上的工作量，以身體的狀況為優先，重組生活的步調。

一旦工作太忙，難以確保充分的睡眠，最好的解方就是推掉超過自身負荷的工作。然而，有時候現實狀況就是不允許這麼做，很多人也因此十分苦惱。接下來就要為大家介紹，除了睡眠以外，有助於修復身體的方法。

想要修復、保養身體，泡澡或許是最簡便、也最有效果的方法。

除了職醫這個身分，我也是溫泉療法的專門醫師，可以對採行溫泉療法的患者提供療養指導。相對於普通的泡澡，溫泉療法的效果已獲得醫學上的認證，在此我想透過自己的這項專業，教大家活用更能有效修復身體的泡澡保養法。

首先，**泡澡最大的優點是提高深層體溫（內臟或腦部的體內溫度）**、**促進血液循環**。這樣一來，組成我們這副身體的三十七兆個細胞就會獲得更多的氧氣、營養及熱度，同時排除老舊廢物，讓所有細胞更加健康、活躍，整個人神清氣爽。

相反地，血液循環不好，全身細胞的能量供給就會不足，老舊廢物的回收也變得滯塞，使疲勞物質積蓄在體內或是壓迫血管，造成疼痛或僵硬。

**泡澡的另一個絕佳好處，就是能讓副交感神經更加活躍。**

前面曾提過，副交感神經是自律神經的一種，能使身心處於放鬆模式；此外，副交感神經也會因為血液循環良好而更加活躍。當疲憊的身體泡在溫暖的水裡，會產生極為舒適、平緩的感受，這就是副交感神經活躍的證據。

## 這樣泡澡，徹底消除疲勞

那麼，要用什麼樣的方式泡澡，才能提高深層體溫、促進血液循環呢？想把泡澡的保養效果極大化，泡澡前後的行動是最重要的關鍵。

❶ **在四十一度左右的熱水裡浸泡十～十五分鐘。**

❷ **泡完澡後，讓身體保持十五分鐘的熱度。**

❸ **放鬆身心，大約在九十分鐘之後上床睡覺。**

工作繁忙而難保充足睡眠時，

可以改用泡澡循環體內能量、快速修復身心

❶對於提高深層體溫很有效，所以至少要泡上十分鐘，分成兩、三次也沒關係。如果覺得呼吸不太順暢，就先別勉強，出來休息一下再繼續。

洗澡水的溫度以「自己感覺舒適」為最佳，一般來說是四十一度左右，可以先從這個溫度開始嘗試，再慢慢調整，但要避免超過四十二度。如果水溫太熱，反而會刺激交感神經，使副交感神經受到壓制。

除此之外，泡完澡站起身時，要小心可能有暈眩的現象。深層體溫一旦升高，血管擴張容易導致血壓變低，所以要記得扶穩浴缸的把手，和緩地移動，以免不慎跌倒。

泡完澡之後，要盡量保持暖呼呼的狀態，不要開冷氣或電扇冷卻身體。當身體急速冷卻，血管就會收縮，使血壓變化太過劇烈。所以泡完澡後，要盡量保持安靜，讓身體維持十五分鐘的熱度，充分享受泡澡帶來的幸福感。此外，泡完澡會有脫水的傾向，別忘了補充一杯左右的水分，而且最好飲用溫水，以免刺激腸胃。

③則是最後的關鍵。按照人體機制的運作，當深層體溫下降，便會逐漸產生睏意，而一般來說，深層體溫會在一天之中呈現平緩的起伏變化，在睡前的二～四小時升到最高，之後緩慢下降，讓人產生睏意，進而入睡。

泡澡會使深層體溫升高一度左右，並在後續的九十分鐘內緩緩下降。也就是說，泡澡可以快速提升深層體溫·使其處於容易下降的狀態，進而打開熟睡的開關。因此，泡澡後大約九十分鐘上床就寢，就可以順利入眠，睡個舒適的好覺。

善用泡澡保養法，可以有效提升睡眠品質，真是一大樂事。就從現在開始，養成正確的泡澡習慣，認真修復疲累的身心吧！

習慣3

## 確認內心狀態，接納當下的感受

首先，我希望大家記住，「心靈訓練」（mental training）和健身訓練是不一樣的。

健身是對肉體施加沉重的負荷，進而培育出強健的肌肉，但這樣的方法並不適用於心靈訓練。基本上，心靈不同於肌肉，我們難以判斷它能承受多少的負荷才不會超載。因此，要是沒有確實掌握好自己內心的狀態，很可能會在某一天突然崩潰。

那麼，要如何才能掌握、確認自己內心的狀態呢？

方法很簡單，只要在一天將結束時，進行下面的步驟即可——

❶ **詢問自己現在是什麼心情**

❷ **替當下的心情貼上適合的標籤**

❸ **坦率地接受當下的心情**

首先，採取任何姿勢都可以，回想當天發生的事，然後詢問自己「現在是什麼心情」。這時內心應該會浮現各種情緒，可能是躁動、或許是氣憤，但不必在意，只要客觀地看著內心產生的情緒就好。

接著要進入❷的步驟。當下雖然浮現了各種情緒，卻很難用言語實際描述出這些感覺，這時就要替它們貼上標籤。

這些標籤可以事先準備好，像是「不安」、「不甘心」、「罪惡感」、「煩躁」、「焦慮」、「恐懼」、「憤怒」、「嫉妒」等，列舉出大約十種自己比較容易產生的情緒。為心情貼上標籤時，也可以一次貼上好幾個。

例如，回顧當天的經歷時，想起自己惹怒主管被兇了，當時的情緒難以言喻，只覺得非常難受，此刻就可以從事先準備好的標籤中，選出比較貼近那時情緒的「煩躁」、「焦慮」、「恐懼」等標籤，一一貼在自己的內心，認真體會當下的感受。

當然，在貼標籤的過程中，可能還會回憶起「對了，從前也發生過這種事」、「那個主管真讓人火大」之類的往事，讓負面情緒像滾雪球般越滾越大，但即使這樣也無妨。相對於此，壓抑情緒反而更糟糕，還不如趁這個機會好好整理、面對這些情緒。

除了各種情緒之外，類似「明天真不想去公司」、「不想見到那個人」等等的感想，也可以做為標籤的內容。**像這樣把無常、模糊的所思所想化為言語，可以藉此客觀地俯瞰自己的情緒，察覺到「原來自己總是貼著相同的標籤」、「想不到自己每次都煩惱一樣的事，真的有夠單純」**。

最後是步驟③，對大多數的人而言，這可能是最難的部分。簡單來說，就是「坦率地接受貼上的標籤」、「理解自己當下的心情」。不過，恐怕有很多人還是不太懂這個意思。

首先，我們的內心很可能就會率先「否認」這些情緒。要接受自己的內心正處於軟弱或糟糕的狀態，需要很大的勇氣，這代表著必須承認：「說到底，我就是這麼軟弱。」也就是所有的後果，其實都是自己造成的。

一旦承認了這一點，很可能就會產生「無能為力」、「未來一片黑暗」的感受，導致內心出現排斥反應。然而，正確評估自己的內心狀態，是讓心變得強韌不可或缺的一環，所以不要害怕，坦然接受原本的自己吧！

## ● 接納負面情緒的三個關鍵要素

想好好接納自己的負面情緒，必須掌握三個關鍵的要素——

**〈關鍵1〉溫暖地給予包容**

不要批判負面情緒，而是溫暖地給予包容，更不需要覺得「有這種想法的自己很糟糕」。多用充滿著愛、安慰和溫暖的言語鼓勵自己吧！

不要批判負面情緒或軟弱的內心，

多用愛、安慰和鼓勵的言語，溫暖地包容自己

**〈關鍵 2〉明白大家都一樣**

了解其他人也和自己有著同樣的煩惱。看似一帆風順的人，其實也苦惱著同一件事，或是有過類似的經歷，所以不必覺得「只有自己這麼糟糕」，大家都是這樣走過來的。

**〈關鍵 3〉肯定自己的努力**

所有煩惱的背後，都隱含著各種事由，而在這段經歷中，自己想必也有過相當的付出，就用正面的角度去評價這些努力吧！

例如，即使目前看來是失敗的，也不能將過往的努力就此一筆勾消。肯定自己努力過的事實，直到最後的最後，都要站在自己這一邊給予支持。這樣一來，或許就能獲得「其實我也很努力」、「現在這樣就好」的安心感。

# 想像重要的人正鼓勵著自己

可能有人會覺得，習慣3「確認內心狀態，接納當下的感受」其實很不容易做到，特別是最後「坦率地接受當下的心情」，更是公認最難的步驟。的確，看著自己的弱點漸漸顯露，還要坦然接受，是非常嚴苛的考驗。因此，覺得窒礙難行的人可以換個方式這麼做——想像有一個重要的人，正在鼓勵著自己。

比方說，**可以讓自己的伴侶、過世的奶奶或受教的恩師等，這些自己深愛或非常信賴的人登場，重點是這個對象的鼓勵會使自己欣喜無比**。也可以是神明、喜歡的藝人，或是寵物都沒關係；真找不到合適的對象，也可以想像一幅自己覺得賞心悅目的景色，這時若有照片輔助就更方便了。

然後，想像這個對象正對著自己說話。例如——

工作上的簡報失敗了，內心的情緒貼滿了「後悔」、「悲傷」、「被周遭的人拋下」、「不想去公司」等標籤。

想像中的對象：「好可惜喔，你一定很不甘心，又很難過吧？」

我：「世界上沒有人比我更差勁了。」

想像中的對象：「不是這樣的。今天簡報成功的人，想必做過了無數次練習，他一定也很緊張，承受了不少辛苦與壓力。」

我：「但是，成功者和失敗者就是天差地別。」

想像中的對象：「最後沒有成功確實很遺憾，但也不代表這一切都是白費啊！你這麼努力，一定會有所成長的。」

我：「可是製作簡報資料時，我還請了A和B幫忙，現在卻失敗了……真沒臉見他們。」

想像中的對象：「很多人都幫了你一把呢！」

我：「是啊，我很感謝他們。這樣想想，我身邊真的有很多好人呢！」

想像中的對象：「○○○○○○○○」

## ●用正面的結語，安撫對未來的不安

重點就在於最後一句——

**想像中的對象跟自己說的「○○○○○○○○」，一定要是正面的話語**。

例如像是這樣的話：

「你一定能獲得幸福的。」

「希望你平安順心。」

「祝福你健康如常。」……

不管說什麼都可以，只要用自己喜歡的正面話語做結束就好。

為什麼一定要用正面的話語做結束呢？

這有著格外深刻的意義——**如果前一句話是對受傷心靈的安慰，最後這一句話，就是對未來的期許和聲援**。

面對並接納內心浮動的情緒，會使自己對明天及往後的未來懷抱著不安與焦慮。大家可以想像一下，現在自己正專注地面對低落的情緒，並試著接納它。這個過程十分難熬，甚至讓人對明天都不再抱持希望。

這時，就需要另一股力量來消除這種不安，那就是某個重要的人給自己的鼓勵。而那個重要的人，正在祈求自己擁有幸福的明天和未來。

結尾的這句正面話語，不但能讓人有勇氣面對負面情緒，更能對未來產生安心感。

## 用「4・2・6呼吸法」消除負面情緒

確認完內心的狀態，就要開始積極修復，主要有三個方法可以應用。

第一個方法是呼吸法，這也可以說是「正念療法」。

**所謂的正念療法，就是不去思考痛苦的過往或朦朧的未來，而是把焦點放在當下，接受眼前所有的一切，讓內心處於平靜、安穩的狀態。**

這種療法已經廣為人知，但可能還是有不少人表示質疑。其實，我自己也不很相信，但近年來它的效果確實陸續得到了醫學上的肯定，最常被提及的驗證，就是透過核磁共振（ＭＲＩ）所檢測出的大腦變化。

## ● 練習呼吸法，理平紊亂的心緒

當人產生恐懼或負面的情緒時，腦中的杏仁核（Amygdaloid）會開始活躍，不斷發出「現在很危險」的警訊。

但是，只要進行某種呼吸法，就能降低杏仁核的反應。也就是說，呼吸可以減輕、甚至是消除恐懼或負面的情緒。

接下來，就要為大家介紹這種呼吸法——

❶ **在一個安靜的地方躺下。**

❷ **將意識集中在呼吸上，保持一分鐘。**

❸ **花四秒用鼻子慢慢吸氣，停止二秒，再花六秒用嘴巴緩緩呼氣。**

❹ **進行約十分鐘。**

有幾個重點再補充一下——

可以選擇躺下、盤腿或是跪坐的姿勢，哪一種都可以。

眼睛可以張開、也可以閉上，但要處於放鬆、平穩的狀態。

至於②的步驟，有幾個方法可以讓意識更快速地集中於呼吸。例如，將意識轉向鼻腔，感受空氣從鼻腔吸入的感覺；或是將意識轉向腹部，感受它的上下起伏，如果將手放在肚臍下方隨著呼吸移動，會更容易集中注意力。

進行③的步驟時，**不用拘泥於秒數的限制，重點是吐氣的時間要拉長。呼吸的節奏也沒有規定，只要適合自己就行。實在摸不著頭緒，就直接採用「4・2・6」這樣的節奏。**

④這個步驟所需要的十分鐘，也只是大致的感覺。

剛開始因為還不習慣，大腦裡會有許多雜念而難以集中心思，這樣也沒關係，其實也有人就是做不到。如果真有這種狀況，不一定要持續十分鐘，可以試試習慣6、7所介紹的其他方法。

但在習慣之後，絕大多數的人都能輕鬆地堅持十分鐘，還有很多人覺得「因為很平靜，甚至想一直持續」。當然，想持續多久都沒有問題。

那麼，這種呼吸法為何有助於修復內心呢？

基本上，當我們陷入不安、焦慮等負面情緒時，呼吸必然會跟著紊亂。大多數人的呼吸都會變得又淺又快，供應給大腦的氧氣量因而不足，於是遲遲無法擺脫糟糕的狀態。

而這裡介紹的呼吸法，就是**藉由深長的呼吸來幫助大腦分泌血清素。血清素又稱為「幸福荷爾蒙」，與精神的安定性密切相關**。

事實上，如果在醫療現場實行這項呼吸法，還可以減少用藥量。有的病人原本一天要吃三次抗焦慮藥物，但在這項呼吸法幫助下，最後減為一週吃一次，甚至不再需要依賴藥物了。

習慣6

## 靜不下來的人，試試「正念健走」吧

呼吸法進行得不順利，或者實在很難靜下來的人，我則推薦「正念健走」

這個很簡單的方法——

**只要將五感集中在吹過臉頰的風和踏在大地上的鞋底，邁步往前走，這樣就行了**。

不過，還是有幾個注意事項要提醒：

- **不能有特定目的地**。像是在上班途中「順便」健走，這樣是不行的，必須是為了走路而走路。
- **擾人的聲音和景色會攪亂內心，這時可以先暫停，整理好自己再重新**

**出發**（選擇安全的地方停下，深呼吸之後再開始）。

・**每天健走十五分鐘左右**。

之所以稱為「正念健走」，是因為需要將意識集中在視覺或聽覺等特定的感官上。這可以使人不受腦中浮現的雜念影響，更容易專注於「當下」。

正念健走和先前介紹的呼吸法不同，不需要一直待著不動，人人都很容易實踐。張開五感的天線，將全副心力集中在眼前怡人的綠意、耳邊婉轉的鳥鳴和竄進鼻間的泥土芳香吧！

習慣7

# 寫下「四行日記」，逐步累積自信

這個方法非常容易上手，效果卻出奇得高。

那就是在一天的結尾，寫下四行的日記——

❶ **寫下當天發生的三件好事（一行寫一件事）。**

❷ **在第四行寫下對明天的希望和期許。**

❶ 可以是任何無關緊要的小事。例如：

[ ] 今天準時起床了。

[ ] 中午之前把衣服曬好了。

[ ] 悠閒地欣賞了滿月。

可以是值得自我稱讚的行動、或是舒適宜人的時光，總之就是寫下三件當天讓自己開心的好事。

**一件不夠，四件也不行，一定要是三件。這是最重要的關鍵，可以避免每天出現不一樣的落差。**

## ・不要比較「昨天」和「今天」的自己

比方說，昨天幹勁十足、熱忱滿滿，可以寫下十件好事。但是，今天卻只能想出兩件好事……

如此一來，就會產生比較的心態，覺得自己「昨天明明那麼努力，今天就不行了」，這可不是什麼好事。

寫四行日記的目的，是為了養成自我肯定的習慣。每一次小小的成功體驗，日積月累下來都能使自己萌生自信，進而修復受傷的內心。

所以，三件事剛剛好。一～二件太少，四件以上又變得有點麻煩，因此以三件為最佳。

至於最後的第四行，則要寫下正面的訊息。你可以祈願「明天的會議順利進行」，只是這種狀況不會每天都有；因此，你也可以許下「希望明天笑得很開心」這樣的願望。

你就是自己最好的戰友，給予自己最真誠的鼓勵吧！

結語

# 能發出求救訊號的人，內心十分強大

謝謝大家拿起這本書，並且讀到最後。我想，許多正在讀這本書的人，可能都已經瀕臨極限，就連要去公司上班的力氣都快沒有了。

或許你會覺得，這樣「無能為力」、「去不了公司」的自己，內心非常軟弱。但是，我卻覺得能夠承認自己「再也撐不下去」，才是最堅強的人。

因為，只有內心足夠強大，才有辦法靠自己的力量發出求救訊號。

一般都認為，「內心強大的人」會朝著目標一路挺進，無論狀況再怎麼嚴峻，都能果斷地堅持下去，被逼到絕境也不會認輸，有著鋼鐵般的意志。

然而，事實並非如此。不屈不撓，並不等於內心強大。

在我以職醫身分接觸了一萬多名患者所累積的經驗來看，真正強大的人，其實是懂得何時該踩下煞車、停住腳步的人。

**當環境過於嚴峻，能讓自己暫停下來，回頭審視身心狀況，並且及時給予修復，才真正是內心強大的人。**

**承認自己「再也撐不下去」，也就是願意面對自己的脆弱，並且給予包容，這是非常了不起的作為。**

在我診療過的患者中，有些人之所以罹患嚴重的精神疾病，就是因為他們從不休息，也不給予內心修復的空間，總是勉強自己拚到最後，直到能量被消耗殆盡。

他們總是刻意壓抑自己的疲憊、痛苦，什麼事都獨自承受，完全不向周遭的人們求救，到頭來內心就一舉崩潰了。

說不定，在他們把自己逼到極限之前，一直有著鋼鐵般的意志。然而，始終承受著超載的負荷，任誰遲早都會倒下。與其如此，還不如一察覺到危險或痛苦的徵兆，就暫時停下腳步、卸除負擔，有智慧地與壓力共處，讓自己有足夠的餘裕修復身心。

我們需要的不是鋼鐵般的意志，而是柔軟、包容的心。

**無論是公司或工作，都不是人生的全部。這世上沒有任何一個工作，值得我們放下一切，犧牲自己的心靈和身體。**

所以，仔細傾聽自己內心的聲音吧！放下多餘的顧慮，不要受制於主流的壓力或錯誤的執念，而把自己逼到絕境。一旦感覺活得很疲憊、很痛苦，就趕緊向周遭的人們發出求救訊號吧！

最後，我要向國分醫院的木下秀夫醫師獻上最深的謝意。木下醫師教會了我，身為一名精神科醫師，在為病患的問題煩惱、擔憂之際，必須要擺脫醫師身分的侷限與束縛，更不能失去身而為人的重要自我。

我衷心祈願，這本書能讓各位在「笑一笑＋粗神經」的樂活哲學中，找到讓心變得強韌、也使人生更加美好的提示和祕訣。

Soulmate 13

上班時，別演太多內心戲

工作好累，是因爲你的想法太耗電。
放掉那些「不用想」的事，防堵情緒感染、隔離麻煩人物，與壓力和平共處

作者 —— 井上智介
譯者 —— 楊詠婷

插畫 —— MiLi Lin
責任編輯 —— 郭玢玢
美術設計 —— 耶麗米工作室

總編輯 —— 郭玢玢
社長 —— 郭重興
發行人兼出版總監 —— 曾大福
出版 —— 仲間出版／遠足文化事業股份有限公司
發行 —— 遠足文化事業股份有限公司
地址 —— 231 新北市新店區民權路 108-3 號 8 樓
電話 ——（02）2218-1417
傳真 ——（02）2218-8057
客服專線 —— 0800-221-029
電子信箱 —— service@bookrep.com.tw
網站 —— www.bookrep.com.tw
劃撥帳號 —— 19504465 遠足文化事業股份有限公司

印製 —— 通南彩印股份有限公司
法律顧問 —— 華洋法律事務所 蘇文生律師

定價 —— 350 元
初版一刷 —— 2021 年 12 月
初版四刷 —— 2022 年 3 月

DOSHIYOMO NAKU SHIGOTO GA「SHINDOI」ANATA E
STRESS SHAKAI DE「KANGAENAKUTE IIKOTO」LIST



國家圖書館出版品預行編目（CIP）資料

上班時，別演太多內心戲：工作好累，是因為你的想法太耗電。放掉那些「不用想」的事，防堵情緒感染、隔離麻煩人物，與壓力和平共處

井上智介著；楊詠婷譯／

-- 初版. -- 新北市：仲間出版：遠足文化發行：2021.12

面； 公分. --（Soulmate；13）

譯自：どうしようもなく仕事が「しんどい」あなたへ：ストレス社会で「考えなくていいこと」リスト

ISBN 978-626-95004-2-0（平裝）

1. 壓力調適 2. 自我實現 3. 職場成功法

177.2　　110018639